영어고민 해결사
엉클잭의 XYZ

영어고민 해결사
엉클잭의 XYZ

초판 1쇄 인쇄 2011년 07월 03일
초판 1쇄 발행 2011년 07월 08일

지은이 주경일
펴낸이 손형국
펴낸곳 (주)에세이퍼블리싱
출판등록 2004. 12. 1(제315-2008-022호)
주소 서울특별시 강서구 방화3동 316-3번지 한국계량계측조합 102호
홈페이지 www.book.co.kr
전화번호 (02)3159-9638~40 팩스 (02)3159-9637

ISBN 978-89-6023-632-5 03740

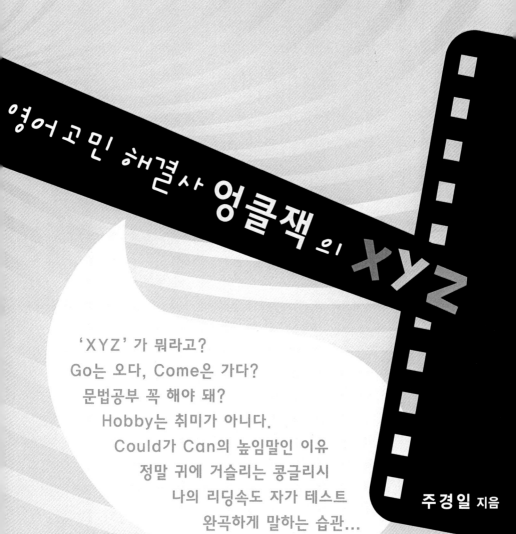

유학, 어학연수를 능가하는 영어 공부 실천로드맵!
책을 읽고난 후 영어가 만만해 보이기 시작했다!

영어고민 해결사 엉클잭의 XYZ

'XYZ'가 뭐라고?
Go는 오다, Come은 가다?
문법공부 꼭 해야 돼?
Hobby는 취미가 아니다.
Could가 Can의 높임말인 이유
정말 귀에 거슬리는 콩글리시
나의 리딩속도 자가 테스트
완곡하게 말하는 습관...

주경일 지음

에세이 작가 총서 383

ESSAY

어떻게 하면 영어를 즐길 수 있을까?

이제 영어는 별다른 설명이 없어도 이미 현대를 살아가는 우리에겐 거의 필연적으로 요구되는 하나의 능력이 되어 버렸습니다. 하지만 이미 모국어가 완성되어 언어중추에 언어장벽(Language barrier)이 떡 하니 버티고 있는 많은 사람들에게 영어라는 새로운 외국어의 수용은 일종의 커다란 스트레스로 다가올 수밖에 없습니다. 게다가 하루아침에 해결 되는 문제도 아니어서 영어는 많은 이들에게 고질적인 만성 스트레스와 같은 존재가 되어 있기도 합니다.

그러한 영어 스트레스에서 벗어나기 위해서는 어떻게 해야 할까요? 유학이나 이민을 가게 된다면 언젠가는 해결될 문제이긴 하지만 대부분의 사람들이 그렇게 할 수는 없는 노릇입니다. 그에 대한 대안으로 유학에 못지않은 수많은 학습 방법과 비법들이 우리 사회에 넘쳐나고 있으며 우리나라는 세계적으로도 유례없는 영어 교육 열풍의 나라가 되어 있습니다. 입시, 취직, 승진, 유학, 고시 등 나의 사회적 위치를 이동하기 위해선 항상 맞닥뜨려야만 하는 영어, 심지어 사회생활을 접고 집에서 아이들만 잘 키워야지 하면서도 부모 노릇 하려니 어느 정도는 영어를 알아야 하는 스트레스는 끊임없이 나를 따라 다닙니다.

사실 방법이나 비법이 없는 것은 아닙니다. 시중에 나와 있는 수많은 학습서와 저마다 비법임을 주장하는 다양한 종류의 서적, 학습기, 교수법 등은 그 자체적으로는 나름 근거를 가지고 있기 때문에 자신에게 궁합이 맞는 방법과 만나게 된다면 그 어떤 것이든 일정한 효과는 분명히 있다고 생각합니다. 어떤 책들은 서두에서 자신의 책만이 이러한 공급과잉과 사이비 이론들이 범람하는 혼탁한 시대에 홀로 빛나는 비법임을 주장하기도 합니다만 저의 생각은 그렇지 않습니다. 아니 오히려 그 책의 비법이 맞을 수 있다고 믿어주는 쪽입니다. 다만, 그 저자와 독자의 궁합이 맞는다는 전제하에 그렇다는 것입니다.

그렇다면 이 책과 궁합이 맞는 독자는 어떤 분들일까요? 아쉽게도 이 책은 비법에 대한 책이 아니기 때문에 특별히 천생연분의 독자는 없겠지만, 그래도 이 책을 읽으면서 노하지 않고 악평을 달지 않을 분들이라고 한다면 우선, 영어를 아직 잘 못하지만 영어 공부를 그다지 싫어하지는 않는 분, 영어와 관련한 사소한 이야기들에도 관심이 가는 분, 그리고 미국 드라마를 보면서 언젠가는 자막 없이 보고 싶다는 열정이 있는 분들이라 할 수 있겠습니다.

어떤 무엇을 좋아한다는 것은 그것에 대해 관심이 많다는 것입니다. 마찬가지로 영어를 잘 하기 위해서는 우선 영어에 대한 관심이 중요합니다. 싫으니까 관심이 없다는 식으로 단정하지 말고 관심을 가지면 좋아집니다. 행복하니 웃지만 웃기만 해도 행복해진다고 합니다.

즐거운 마음으로 영어를 대하면 영어를 즐길 수 있습니다.

노력하는 사람도 즐기는 사람을
이길 수는 없다.

그만큼 어떤 일에 대한 성취도는 스스로가 좋아서 그 일 자체를 즐기게 될 때 가장 높아진다는 것을 강조하는 말로 특히 영어 학습자들에겐 이제 진부할 만큼 너무나 낯익은 표현이 되어버렸습니다. 많은 학습서들이 서두에 강조하는 것이 '영어는 즐겨야 한다'이기 때문이지요.

하지만 여기서 문제는, 많은 사람들이 영어를 즐기고 싶어도 즐기는 방법을 알지 못하고 있다는 것인데 아쉽게도 그 방법에 대해 구체적으로 제시하는 곳 또한 많지 않다는 것이 문제입니다. 이를테면, 살아있는 영어 회화를 익히기에 더없이 효과적이고, 또한 즐기면서 공부할 수 있는 방법이라며 많은 전문가들이 미국 드라마 시청을 권유하고 있는 것을 예로 들 수 있겠습니다. 물론 요즘 미드로 공부하는 사람들도 많고 실제로도 효과가 크기 때문에 당연히 맞는 말이긴 하지만 문제는 거기까지라는 것입니다. 미드를 어떤 방법으로 활용을 해야 많은 효과를 볼 수 있는지에 대한 구체적인 방법은 나와 있지 않습니다. 이 책은 그런 문제점에 대한 인식에서 출발하였고, 해결책을 제시하기 위해 많은 노력을 기울였습니다. 그리고 나의 영어가 원어민에겐 제대로 먹히지 않는 이유가 무엇인지, 어디에 원인이 있는지, 그렇다면 어떻게 고쳐나가야 하는지는 물론, 발음 문제에서부터 문법, 스피킹에 이르기까지 구체적인 해법과 올바른 학습 방향을 제시하고자 하였습니다.

이 책은 무조건 영어를 잘 할 수 있는 비법을 담고 있지는 않습니다. 대신 나의 영어가 왜 잘 안 되고 있는지 스스로 진단을 내릴 수 있게 하고, 앞으로 어떤 방향과 방법으로 이를 극복하면서 영어와 친해질 수 있는지에 대한 대안을 제시하고 있습니다.

이 책을 읽기 전에 우선 다음과 같은 마음가짐이 중요합니다. 영어라는 것은 모진 마음을 먹고 정복해야 할 일생의 숙적이 아니라 친하게 지내며 알아나가야 할 평생의 친구 같은 존재입니다. 그나마 다행인 것은 영어가 대단히 재미있고 단순한 성격을 가지고 있다는 사실입니다. 책의 내용 또한 영어와 관련된 핵심적인 소재를 재미있는 이야기를 들려주듯 가볍고 편안하게 풀어나가고 있습니다.

영어는 잘 하는 만큼 잘 아는 것이 중요합니다. 영어의 지식을 쌓아나가는 것을 친구의 새로운 모습에 대해 하나하나 알아나가는 과정과 같은 즐거움으로 여기고, 또한 잘못 알고 있었던 사실을 제대로 알게 되는 놀라움과 제대로 알아야 하는 수고로움을 학습이 아닌 친구간의 유쾌한 뒷이야기처럼 여기고 받아들인다면 좀 더 가볍고 즐거운 마음으로 영어를 대할 수 있으리라 생각합니다.

모든 사람이 유학을 가거나 영어에 항상 노출될 수 없는 상황에서 배운 영어가 얼마나 많은 시행착오를 겪어야 하는지 잘 알고 있습니다. 또한 여러분의 몸 속 어딘가에 이미 훌륭한 영어실력이 감춰져 있다는 사실을 오랜 시간 동안의 현장 경험을 통해 확신하고 있습니다. 이 책 마지막 페이지를 읽을 즈음이면 그 시행착오를 줄이는 방법과 내 속에 숨어있던 숨겨진 영어실력의 놀라움을 발견할 수 있으리라 생각합니다.

나에게 필요한 건 영어를 즐기는 구체적인 방법

읽기, 말하기, 듣기, 쓰기는 각각 어떻게 공부해야 하는지, 그 중에 어떤 것부터 먼저 해야 하는 것인지, 영어를 즐기기에 미드가 좋다고는 하는데 미드는 즐겁게 감상하고 있지만 영어는 전혀 늘지 않는 원인이 무엇인지, 쉬운 원서라도 끝까지 한편을 읽기가 왜 이리 버거운 것인지, 아는 영어라도 말로 할 땐 왜 입 밖으로 나올 생각을 하지 않는 것인지, 게다가 나의 영어를 원어민들은 왜 못 알아듣는지, 도대체 영어를 즐겁게 공부할 수 있는 방법은 있기나 한 건지….

이 같은 질문들을 오랜 시간 동안 접해 왔습니다. 그리고 많은 시간 해답을 찾기 위해 노력해 왔습니다. 이제 그 이야기를 풀어 나가려고 합니다.

끝으로 내가 사랑하고 나를 사랑해주는 나의 가족들과, 변함없이 나를 믿고 지지해 주는 나의 아내 효선, 그리고 내가 세상에 존재하는 이유가 되어버린 사랑하는 아들 승민이와 딸 연우에게 이 책을 바칩니다.

Popcorn English Uncle Jack 주 경 일

영어를
잘 하기 위해
우리가
알아야 할 것들

영어고민 해결사 엉클잭 의 **xyz**

Part 1

영어공부 제대로 하는 방법

읽기, 듣기, 말하기, 쓰기 다 중요하다! 무엇을 먼저 해야 하나?

Part 2

영어와 친해지기

즐기려면 우선 친해져야 한다. 읽기만 해도 영어가 친근해 지고 왠지 자신감을 심어주 는 재미있는 영어 이야기.

부록

미드로 영어 공부하는 방법

미드 좋은 건 안다. 도대체 어떻게 공부하냐고!

영어고민 해결사 **엉클잭** 의 **XYZ**

PART **1** 영어공부 제대로 하는 방법

영어공부의 순서

가장 효과적인 영어 학습법이란 무엇일까요?

만약 여기에 정답이 있다면 여러가지 이론이 나올 리가 없겠죠. 가르치는 입장에서나 배우는 입장에 따라 다르고, 또 언어란 것이 개개인의 소질과 경험, 의지에 따라 상대적인 터라 '가장' 효과적인 영어 학습법이란 이것이다 하고 감히 말씀드릴 수가 없는 것입니다.

그렇기 때문에 '가장'을 제외한 비교적 '효과적인 학습법'에 대해선 자신의 경험을 토대로 누구나 이야기 할 수 있어서 세상엔 너무나 많은 '효과적인 영어 학습법'이 넘쳐나고 있는 것이 사실입니다.

게다가 그토록 수많은 학습법들은 같은 문제에 대해 서로 상반된 해결책을 주장하는 경우가 있어 영어 학습자들이 판단하는 데 어려움을 겪는 경우가 종종 있습니다.

이를 테면, 영어 학습의 순서입니다.

어떤 영어학자의 의견에 따르자면,

듣기 ➡ 말하기 ➡ 읽기 ➡ 쓰기의 순서가 정답이라고 합니다.

이유인즉, 인간이 태어나서 보국어를 익히는 순서가 바로 그러하기 때문이라는 것입니다.

인간은 태어나서 2~3년간 엄마, 맘마 소리 외엔 다른 말도 제대로 못하고 '듣기'만 하다가 갑자기 말문이 터지면서 본격적으로 '말하기'를 시작하게 됩니다. 네 살만 되어도 말을 곧잘 하게 되지요. 그러다 그림책을 손에 쥐기 시작하면서 '읽기'를 시작하고 거의 동시에 글씨를 따라 '쓰기'에 관심을 갖게 됩니다. 초등학교에 입학해서는 글쓰기에 이르기까지 일련의 언어습득 과정이 대부분 완성됩니다.

이러한 이유로 자연스러운 언어습득의 과정은 듣기 ➡ 말하기 ➡ 읽기 ➡ 쓰기의 순서라는 것입니다. 하지만 이것은 어느 나라에서건 보편으로 이루어지는 **모국어 습득의 과정**이라고 보아야 타당한 것이며, 외국어 학습 과정의 영역에까지 보편 타당하게 적용되는 진리라고는 볼 수 없다는 견해도 있으며 저도 여기에 원칙적으로 동감하고 있습니다.

한편, 미드로 유명한 어떤 영어 전문가는 단연 '말하기'가 최우선이라고 주장합니다. 무릇 영어란 말하기 위해 배우는 것이며, 또한 말할 수 있는 것만 들리기 때문에 우선 스피킹에 주력을 해야 한다는 것입니다.

또, 영어 속독으로 유명한 어떤 분은 '읽기'가 우선 되어야 한다고 주장합니다. 눈으로만 보는 것이 아니라 소리 내어서 읽으면 자연스럽게 스피킹 훈련도 되고 자신의 영어 발음을 들으면서 청취력 향상에도 도움이 되기 때문에 1석3조의 훌륭한 방법이라는 것이지요.

어쩌면 결국 자신의 전문 분야에 따라 영어 학습에 있어 우선시하는 부분이 다른 것이겠지만 각각의 주장엔 나름 충분한 근거가 있고 실제로도 이론적 뒷받침이 충분한 논리로 무장되어 있어 어떤 것이 옳고 그르다라고 단정지을 수는 없습니다.

이 같은 전제하에, 저의 개인적인 학습 및 강의 경험과 연구를 통하여 내린 저의 결론은

읽기 ➡ 듣기 ➡ 말하기 ➡ 쓰기 의 순서입니다.

엄밀히 말하자면 위 4가지 요소는 유기적으로 결합되어 있기 때문에 굳이 순서대로 공부한다는 것이 우습기도 합니다.

그렇기 때문에, 이 순서는 단계별로 마스터한 후 진행해 나가는 순서가 아니라 외국어로서 영어를 학습하는 사람이 참고해야 할 비중의 순서라고 볼 수 있습니다. 그러다 어느 정도 실력이 쌓이다 보면 자신이 부족한 부분에 대해 좀 더 집중하기 때문에 개인별로 순서에 변동을 주기도 합니다. 하지만 희한하게도 영어의 고수가 되었을 때에 대부분 또다시 이처럼 **읽기 ➡ 듣기 ➡ 말하기 ➡ 쓰기**의 순으로 비중을 두게 됩니다. 왜 그럴까요?

쉽게 한국어를 예로 들어 생각해 보자면,

우리가 하루에 가장 많이 사용하는 것은 '눈'입니다. 우리는 매일 방대한 양의 정보를 책, 신문, 인터넷, 광고간판 등 다양한 매체를 통해 눈으로 '읽게' 됩니다. 하루 종일 '보는' 행위를 통해 '읽는' 일이 너무나 많습니다.

그리고, 나는 한 사람이지만 다수의 사람과 만나기 때문에 '듣는' 것이 '말하는' 것 보다 월등히 많습니다. TV를 한 시간만 보아도 내가 하루 종일 뱉은 말보다 양이 많으니까요.

'쓰는' 것은 또 어떤가요? 가끔 이메일 작성 말고는 핸드폰 문자가 대부분일 것입니다. 물론 직업에 따라 위 순서가 다를 순 있겠지만 대부분의 경우에 해당되는 패턴이라 할 수 있습니다.

이처럼 보고 듣고 말하고 쓰는 비중의 순서대로 영어 학습에도 같은 비중을 두는 것이 좋다고 생각합니다.

단! 이러한 비중이 시간의 안배와 비례하는 것은 아닙니다. 시간의 안배는 각 분야에 대한 개인의 선호도와 혹은 분야별로 필요하다고 판단되는 시간의 양을 알아서 결정하면 되는 것입니다. 하지만 그렇다 하더라도 여기서 비중이 가장 높은 '보는 것', 즉 읽기만큼은 가장 많은 시간을 투자하기를 적극 권장하는 바입니다.

영어를 시작하는 많은 사람들이, 그리고 영어 때문에 힘들어 하는 많은 사람들이 '무엇을 어떻게 시작해야 할 지 모르겠다'며 하소연합니다. 저는 사실 스피킹을 전문으로 강의하고는 있지만, 그럼에도 불구하고 가장 중점을 두어야 할 것으로 항상 '읽기'를 첫 손가락에 꼽고 있습니다. 초급자, 상급자를 막론하고 원서 읽기의 중요성은 아무리 강조해도 지나침이 없습니다.

뇌의 언어영역이 모국어로 이미 적응되어 버린 이상, 새로운 **외국어를 시작할 때는 '읽기'가 가장 편하고 효과적인 방법**입니다.

'Reading'은 영어 공부의 핵심

읽기를 독서라 본다면 독서의 중요성은 두말할 나위가 없겠지요. 문제는 독서를 그다지 익숙하지 않은 영어로 해야 한다는 것인데요, 영어 리딩의 기술을 잘 익힌다면 본인의 수준에 맞는 원서를 충분히 즐기면서 읽을 수 있습니다. 읽기는 원서, 영자신문, 잡지, 웹 페이지 등 다양한 활자 매체를 대상으로 하지만 여기서 특히 중점적으로 다루는 부분은 '원서 읽기'입니다.

01 원서 읽기가 중요한 이유

읽기는 단순히 안구 운동에 그치는 것이 아니라 활자로 이루어진 정보와 지식의 데이터를 복사하여 나의 뇌 속에 저장하는, 오직 인간만이 가능한 숭고하고 지적인 행위이지요. 때론 문장 한 줄에 눈물을 흘리는 감동을 받기도 합니다. 하지만 영어로 이루어진 문장은 감동은커녕 이해 조차 되지 않아 사전을 찾고 문법책을 뒤지게 됩니다.

만약 내가 그런 사람이라면 내게 맞는 책을 선택한 후 중간에 포기하지 않고 **한 권 만이라도 제대로 완독하는 목표**를 달성해 보시기 바랍니다. 성취감은 기본이고 영어에 대한 자신감이 덤으로 생깁니다. 하지만 그 무엇보다도, 페이지가 넘어가면서 영어 문장에 대한 분석이 갈수록 빨라지는 느낌과 영어식 사고에 대해 어떤 감이 생긴 듯한 기분에 무척 고무될 것입니다. 그리고 읽기의 과정을 통해서 문법이 보이기 시작합니다. 문법은 문법책을 통해서만 익혀야 한다는 고정 관념은 서서히 사라집니다.

정확한 문법지식이 없더라도 리딩을 통하여 문장이 분석되기 시작하면 그토록 나를 괴롭히던 문법책을 몇일이면 가볍게 읽고 넘길 수 있게 됩니다. 문장의 5형식이 외워야 할 대상이 아니라 당연히 존재하는 것으로 이해되는 것이지요. 문장 분석에 익숙해지면 결국 스피킹에 커다란 도움이 됩니다. 말이라는 것이 문장을 소리 내는 것이니 당연한 결과입니다.

그런 의미에서 상급자가 아니라면 소리 내어 읽는 것도 큰 도움이 됩니다. 나의 발음도 체크할 수 있고 읽으면서 익힌 단어는 기억하기에도 탁월한 효과가 있기 때문이지요. 시험 삼아 한 페이지를 소리 내어 읽고 난 후 다시 한 번 그 페이지의 첫 줄부터 읽어 보시기 바랍니다. 처음보다 훨씬 실수가 줄어든 것을 알 수 있습니다. 분명히 문장을 외우면서 읽은 것이 아닌 데도 불구하고 한 번 읽었던 문장에 대해선 이미 발음을 위한 눈, 입술, 혀의 공조가 수월해진 덕분입니다.

세 번째 읽을 때에는 더할 나위 없겠지요.

하지만 원서 읽기의 가장 중요한 목적은 영어 어순에 적응하고 영어식 사고를 갖추는 데 있습니다. 절대로 이 목적을 잊어서는 안됩니다. 원서 읽기를 통해서 단어 공부를 하려는 욕심은 버려야 합니다. 원서에 딸려온 오디오 북을 통해 청취 훈련을 병행하겠다는 욕심도 버려야 합니다. 누가 봐도 사실 기특한 그런 생각들이 결국에 가서는 영어를 힘든 작업으로 몰아넣는 결과만을 가져올 뿐입니다. 나의 수준에 1년은 뒤쳐지는 약간은 만만한 원서를 선택한 후, 일단 욕심을 버리고 난 뒤 읽는 행위 그 자체에만 집중해 보시기 바랍니다. 그렇게 세 권만 제대로 완독한다면 영어공부 인생에 있어 새로운 전기가 분명히 마련될 것입니다.

더욱이 독서란 직접 경험해 보지 못한 미지의 세계, 그리고 새로운 지식과 감각의 세상으로 들어가는 최고의 수단입니다.

2 어떤 책을 선택해야 하나?

그런 의미에서 원서 읽기는 위와 같은 경험의 충족과 영어공부를 동시에 담보하는 훌륭한 방법이 아닐 수 없습니다.

하지만 원서 읽기가 마냥 재미있기만 하거나 누구에게나 만만한 일은 결코 아닙니다. 그렇기 때문에 수준에 맞는 영어책을 선택하는 것이 무엇보다 중요합니다. 한두 페이지 읽는 데 사전 뒤져가며 1시간 이상 소요된다면 금방 지쳐버릴 것입니다. 내게 맞지 않는 책이니 바꿔야 합니다.

페이지당 모르는 단어가 서너 개를 넘지 않는다면 일단 충분한 수준입니다. 그리고 책은 외국에서 출판한 원서나, 한글이 아예 없는 영문 도서가 좋습니다. 시중에 한글 해설이 포함된 책들도 좋긴 하지만, 왕초보가 아니라면 원서를 선택하시기를 적극 권하는 바입니다.

원서 중에서도 내용을 익히 알고 있거나 한글판으로 읽어 본 내용의 원서라면 더욱 좋습니다. 요즘엔 영화나 드라마화 된 원서들이 동시에 출간되는 경우가 많아 선택의 폭이 넓어졌습니다.

개인적으로 적극 추천하고 싶은 책은 영화화 된 소설입니다. 책을 읽으면서 이미지가 쉽게 형상화 되기 때문에 전반적인 문장의 흐름을 이해하는 데 있어 대단히 큰 도움이 됩니다. 무슨 내용인지 몰라서 흐름이 끊기는 바람에 읽다가 지치는 일도 적어지고 어차피 영어공부를 목적으로 하기 때문에 결론을 안다고 해서 맥 빠질 일도 없습니다.

그리고 원서는 대형서점이나 인터넷 쇼핑몰에서 아주 쉽게 구할 수 있습니다. 재생 용지로 만든 저렴하고 얇은 문고판으로 시작하시기 바랍니다. 대부분 만원 이하의 저렴한 가격에 구매할 수 있습니다. 두껍거나 양장본으로 된 원서는 추천하지 않습니다. 어렵기도 하거니와 초반에 포기할 확률이 절대적이기 때문입니다.

많은 원서들이 오디오 북으로도 출간되기 때문에 청취력 향상을 병행하고자 한다면 분명히 좋은 효과를 볼 수는 있습니다. 하지만 리딩을 통해 영어와 친해지는 과정이라면 일단은 모두 접어두고 홀가분하게 읽는 일에만 집중해야 합니다.

3 리딩 속도 계산하기

자신에게 맞는 원서를 준비했다면 즐거운 마음으로 책장을 넘기는 일만 남았습니다. 사전은 그냥 책장에 꽂아둔 채 책에만 집중해야 합니다. 편안한 자세로 한글 소설 읽듯 읽어 나가되 모르는 단어가 나오면 문맥에서 단어의 의미를 최대한 유추해 보고 최대한 흐름이 끊기지 않도록 합니다. 그래도 그 단어로 인해 흐름이 끊기거나 도무지 이해가 가지 않는다면 그 단어에 표시만 해두고 그냥 넘어갑니다. 그리고 나서는 오늘 목표한 분량을 마친 후 표시한 단어들을 사전에서 찾아보고 다시 한 번 그 문장을 분석해 봅니다. 여기서 중요한 것은 그 단어가 포함된 문장은 가급적 통으로 암기하는 것 입니다. 단어 암기는 결코 단어 자체만 외우는 것으로는 해결되지 않습니다. 아무리 외워두어도 금세 잊어버리기 마련입니다. 자연스러운 현상이지요. 하지만 문장 내에서 존재하는 단어는 그 속에서 갖는 역할의 의미와 느낌이 함께 받아 들여지기 때문에 오랫동안 기억에 남아 있게 됩니다. 그리고 그렇게 기억해 둔 단어들은 스토리를 가지고 있어서 유사한 상황에 처했을 경우 거의 반사적으로 떠오르기도 하는 특별한 효과가 있습니다. 그러므로 최대한 문장과 함께 외워야합니다.

처음엔 50~70 페이지 정도의 가벼운 원서를 10일 이내에 완독한다는 목표로 하루에 5~7페이지를 읽어 나갑니다. 이 때 중요한 것이 있는데 그것은 시작하는 시간과 마치는 시간을 체크하는 것입니다. 좀 번거롭겠지만 체크된 단위 시간 동안 몇 단어를 읽었는지 체크해 볼 필요가 있습니다. 매번 이런 작업을 하는 것이 아니라 처음 시작할 때 한번, 마지막 날 한번만 체크를 하면 됩니다. 그리고 다른 원서를 읽을 때에도 역시 마찬가지로 시작과 끝에 한번씩 체크를하는 것입니다. 체크의 목적은 단위 시간에 몇 단어를 읽었는지, 결과적으로 분당 리딩 속도는 어떻게 되는지 알기 위해서입니다.

체크하는 방법은 해당 시간 내에 읽은 부분의 단어를 하나하나 세는 것입니다. 이때 a, an, the 등과 같은 관사들도 하나의 단어로 계산합니다.

총 단어 수를 분으로 환산한 총 시간으로 나누면 리딩 속도를 알 수 있습니다.

$$3,600 \text{ 단어} \div 60\text{분(1시간)} = 60 \text{ wpm}$$

위와 같이 3,600단어를 1시간에 걸쳐서 읽고 이해했다면 분당 60개의 단어를 읽어낸 것이기 때문에 분속 60단어, 즉 60wpm이 되는 것입니다. 처음엔 분당 60단어가 넘지 않더라도 꾸준히 계속하다 보면 원서가 편해지는 150wpm에 근접하는 날이 반드시 오게 됩니다. 또한 그 날은 예상외로 빨리 옵니다.

04 원어민의 평균 리딩 속도는?

리딩 속도를 나타내는 단위는 wpm(words per minutes) 이며, 원어민의 경우 일반적으로 200~240wpm 의 속도를 나타내고 있습니다.

그렇다면 목표로 삼을만한 적절한 속도는 어느 정도일까요?

물론 빠를수록 좋은 건 당연하겠지만 일반적으로 150 wpm 정도라면 일단 원서를 충분히 즐길 수 있는 속도에 도달한 것으로 볼 수 있습니다.

그 이후부터는 속도가 계속 올라갈 터이니 다행히 더 이상 속도 계산할 필요는 없습니다.

특별히 훈련을 받은 상위 1퍼센트에 속하는 원어민의 리딩 속도는 1,000wpm에 달하기도 합니다. 물론 별도의 속독 훈련을 받는다면 여러분도 500wpm 이상 가능할 수 있습니다. 하지만 우선은 일반적인 독서 방법을 통하여 150 wpm에 도달하는 것을 목표로 삼아야 합니다. 처음부터 영어속독에만 관심을 두어서는 안됩니다.

사실 속도만큼이나 중요한 것은 바로 '이해력'입니다. 빨리 읽기만 하고 내용을 모른다면 아무 소용이 없지요.. 이해력 체크는 피드백 문제를 통하여서만 가능한 부분이라 자가 테스트가 힘든 점이 있습니다. 원어민의 경우 일반적으로 60~80% 정도 된다니 참고하시기 바랍니다

5 나의 리딩 속도 알아보기

다음은 150개의 단어로 만들어진 문장입니다.
눈으로 읽으면서 충분히 이해하는 데 시간이 얼마나 걸리는 지 체크해 보시기 바랍니다.
1분이 걸린다면 당신의 리딩 속도는 150wpm 이고, 2분이 걸린다면 75wpm 입니다.

I was born at Blunderstone, in Suffolk, in the east of England, and was given my poor father's name, David Copperfield. Sadly, he never saw me. He was much older than my mother when they married, and died six months before I was born. My father's death made my beautiful young mother very unhappy, and she knew she would find life extremely difficult with a new baby and no husband. The richest and most important person in our family was my father's aunt, Miss Betsey Trotwood. She had in fact been married once, to a handsome young husband. But because he demanded money from her, and sometimes he beat her, she decided they should separate. He went abroad, and soon news came of his death. Miss Trotwood bought a small house by the sea, and lived there alone, with only one servant. She had not spoken to my father since his marriage.

자, 예상만큼 속도가 나왔나요?

읽은 내용을 보지 않고 한국말로 정리해서 설명할 수 있다면 제대로 이해한 것 입니다. 완벽하게 기억을 해 내는 것이 아니라 60~80% 정도의 내용을 기억할 수 있으면서 계속 읽어 나가는 데 특별한 문제가 없다면 그것이 현재의 리딩 속도입니다.

리딩이 영어공부의 핵심이라고 앞서 강조했는데, 다행히 리딩이 네 가지 요소 중 가장 공부하기에 수월합니다. 더욱이 감사할 일은 영어가 리딩에 있어서는 가장 쉬운 언어중의 하나라고 해도 과언이 아니라는 것입니다.

6 영어가 우리말보다 쉬운 이유

20세기 중반 이전만 하더라도 영어는 지금과 같이 세계적으로 영향력을 가진 언어가 되리라고는 그 누구도 쉽게 장담하지 못했습니다. 2차 세계대전 이후 미국이 세계의 슈퍼 파워로 부상하면서 덩달아 영어의 지배력이 크게 확장되었고, 많은 나라에서 영어를 공용어나 반공식언어(semiofficial language)로 채택할 만큼 익히기 쉬운 언어라는 점도 크게 작용했기 때문에 오늘에 이르러서는 세계에서 가장 많은 국가에서 사용하는 언어가 되었습니다.

그렇다면 영어가 쉽다는 근거가 무엇인지 알아볼까요?

우선 영어의 기원을 간단히 알아보자면, 영어란 인구어(Indo-European family)에 속하는 언어로서 유럽 대륙에 거주하던 앵글로 색슨족이 서기 449년 영국을 정복하면서 가지고 들어와 사용하게 된 언어입니다. 이후 고대 영국 본토의 켈트어와 혼용되면서 차츰 발전과 파생을 거듭하게 되고 영국의 영어가 되었습니다. 이후 영국인들이 미국과 호주로 옮겨가 각각 현지 영어로 변화 발전하게 되었는데 현대에 이르러 3국의 영어는 상호 소통에는 지장이 없지만 액센트에 있어서 뚜렷한 변별성을 보이게 되었고 단어 표기에 있어서도 조금씩 차이를 보이고 있습니다. 하지만 영어의 구조에 있어서는 동질성을 유지하고 있기 때문에 우리가 주목해야 할 부분은 '영어'라는 '말'이 어떻게 이루어져 있는지에 대해 우선 알아보는 것입니다.

영어는 지극히 **순차적인 구조**입니다.

영문을 우리말로 번역하자면 어순이 달라 번역을 왔다 갔다 할 수밖에 없기 때문에 전혀 순차적이지 않다라고 생각하는 분들이 있을지도 모르겠습니다.

사실 엄밀히 말하자면 우리말이 순차적이지 않기 때문에 그렇습니다.

그래서 우리 말은 끝까지 들어봐야 안다고 하는 우스갯 소리도 있지만 모국어이다 보니 논리적으로 이해하는 데 어려움을 전혀 못 느끼는 것이지요.

영어를 익힐 때에는 영어식 사고를 해야 한다며 그토록 강조하는 것이 바로 이런 이유입니다.

영어는 시간적, 공간적, 행위의 순서대로 문장이 나열됩니다.

'나'는 가장 중요하기 때문에 앞에 위치하고 덜 중요한 것들은 뒤로 빼 버립니다. 바로 이것이 영어의 기본적인 구조이며 리딩의 핵심입니다.

영어는 쓰어있는 그대로 왼쪽에서 오른쪽으로 쭉 읽기만 하면 되는 순차적인 언어입니다. 번역을 위해선 돌아오기도 해야 하지만, 독해를 위해선 절대 돌아올 일이 없습니다.

항간에 끊어 읽기를 통해 문장을 분석하고 각각의 품사를 결정한 후 조립하듯 번역을 하는 방법론도 인기를 얻고 있긴 하지만, 그래서는 결코 200wmp의 벽을 넘길 수 없습니다. 리딩만큼은 문장 그대로 순해하며 속전속결로 읽어나가는 연습을 반드시 해야 합니다. 결국 우리가 지향해야 할 목표는 영어로 자유롭게 대화하고 영어로 된 미지의 지식과 정보의 세계를 최대한 많이 경험하는 것이니까요.

07 너무나 단순한 영어의 구조

현대 영어는 다행히 대부분 S + V + O의 순서로 구성되어 있습니다. 제 아무리 복잡한 문장이라도 위의 틀을 벗어나는 경우는 거의 없습니다. 쉬운 예문으로 순차 리딩에 대한 설명을 하자면,

'나는 너를 사랑한다'

우리 말로는 S(주어) + O(목적어) + V(동사)의 순서입니다.

영어는 I love you이니까 S + V + O 이지요.

영어 문장의 개념을 이해하기 위해 나로부터 사랑이 너에게 전달되어 가는 모습을 머릿 속에 그려 보시기 바랍니다.

영어에서는 '내'가 가장 중요하고, 그런 '내'가 무엇을 한다는 것인지가 다음으로 중요하며, 그리고 그 무엇을 하는 동작의 대상이 누구인지를 순서대로 설명하는 어순을 가지고 있습니다.

그러한 동작의 순서대로

I ➡ Love ➡ You가 되는 것입니다.

그리고 영어는 기본적으로 본론부터 말하고 군더더기는 나중에 말하는 구조입니다. 끝까지 들어봐야 알 수 있는 우리말과는 달리 영어는 중요한 순서에 따라 순차적으로 나오는 말이기 때문에 단순하고 직관적입니다.

예문 하나 더 보겠습니다.

I like Monica standing in front of the door.

(나는 저 문 앞에 서있는 모니카를 좋아한다.)

이 문장을 순서대로 번역해 보면 다음과 같습니다.

나는 / 좋아한다 / 모니카 / 서있는 / 앞에 / 저 문

이 문장의 핵심 내용은 내가 모니카를 좋아한다는 사실입니다.

저 문 앞에 서있기 때문에 좋아하는 것이 아니라 어디에 있던 모니카를 좋아한다는 것이죠.

그래서 우선 주제가 되는 본론부터 말을 하고

I like Monica

그 다음엔 군더더기라 할 수 있는 내용을 덧붙입니다.

standing in front of the door.

여기서 중요한 것은 '저 문 앞에 서있는'이 Monica를 수식하고 있는 형용사절이지만 리딩시에는 우리말 순서를 무시하고 영어 문장의 순서대로 반드시 이해해야만 합니다.

이를 테면

'나는 모니카를 좋아한다. 그런데 이 모니카는 서있다. (어디에 서 있나?) 어디 앞에 서 있군. (어디 앞일까?) 저 문이군'

위처럼 단어가 나열된 순서대로 **순차이해를 해야만 빠른 리딩이 가능**해지고 또한 영어식 사고능력도 자연스럽게 길러집니다.

이렇듯 명쾌한 순서만 잘 익혀두면 리딩 뿐만 아니라 결과적으로는 스피킹에도 큰 도움이 됩니다. 영어 문장의 룰이 확실히 몸에 배이게 된다면 그 순서에 따라 생각나는 대로 단어만 갖다 붙이면 되니까요.

'Listening' 아는 만큼만 들린다

영어는 꽤 열심히 공부했는데 미드나 영화를 보면 왜 귀에 들어오지가 않는지….

문법책과 두터운 단어집을 몇 차례나 정독하고 영자 신문을 열심히 구독해 보아도 들리는 건 외계어. 어쩌다 군데군데 들리긴 하는데 워낙 빠르고 연음이 많아서 도무지 이해가 가지 않아 속상하기 그지 없습니다.

오래 전 TV광고에서 키스를 책에서 배웠다며 남녀가 멀리 떨어져 입을 우물거리는 코믹한 모습이 떠 오릅니다.

이와 마찬가지로 말을 글로 배워서 그렇습니다. 리스닝 능력의 향상을 위해선 발음의 구성요소에 대한 이해가 선행되어야 합니다.

영어 발음을 구성하고 있는 대표적인 네 가지 요소에는 음소의 발음(pronunciation), 강세(stress), 음조(intonation), 그리고 연음(liaison)이 있습니다. 이 4가지 요소가 믹스되어 소리로 공명되어 나올 때 개인마다 차이가 있는데 이를 억양(accent)라고 하지요. 이와 같이 원어민 영어의 액센트에 익숙하지 않으면 아는 단어로 이루어진 말이라 할 지라도 제대로 귀에 들어오지 않는 것입니다.

우선 기억해야 할 내용은, 아는 만큼만 들린다는 것입니다.

그렇다면 당연히 많이 알아야겠죠? 리스닝 중에 많이 느끼게 되는 것이지만, 한번이라도 해 본 말은 왠지 낯익고, 외워 두었던 말은 잘 들립니다. 그리고 리딩 중엔 모르는 단어를 유추해 볼 시간이 있지만 리스닝 중엔 그럴 시간이 없습니다. 그렇기 때문에 중간에 모르는 단어 하나에 신경 쓰다 보면 이미 여러 마디의 말이 휙 하고 지나가버린 터라 매끄러운 대화는 이미 물 건너 간 격이 됩니다. 아는 만큼 들린다니 할 수 없이 많이 알아 두는 수밖에 없습니다. 여기서 아는 만큼이란 뜻은 내가 내 입으로 직접 많이 발음을 해보고 어떻게 발음해야 하는지 알고 있는 문장이 과연 얼마만큼이냐 하는 의미가 되겠습니다. 그리고 원어민 영어의 리듬을 잘 파악하고 따라 할 수 있어야 합니다. 아는 말조차 안 들리는 이유는 바로 이 리듬을 몰라서입니다. 우리말과는 달리 영어는 중요한 단어와 중요하지 않은 단어를 차별하여 발음하기 때문에 언어가 리드미컬하게 들리는 것입니다. 그러한 리듬감을 위해 연음이 또한 큰 몫을 하게 됩니다. 바로 이 리듬의 원리를 반드시 깨우쳐야 하는 것입니다. 그리고, 원어민 발음의 주파수대역이 우리와 달라서 잘 안 들리는 이유도 있습니다. 하지만 이것은 물리적으로 우리가 듣지 못하는 대역이 아니기 때문에 많이 들으면 결국 신체적으로 해결되는 문제입니다.

영어의 리듬과 연음의 원리 등을 잘 이해하고 집중해서 듣는 연습을 한다면 어느 날 갑자기 귀가 뻥 뚫렸다는 믿기 힘든 성공담을 믿게 되는 날이 올 것입니다.

'Speaking' 고수,
그 유창함의 비결

다음은 스피킹에 대한 이야기입니다.

결국 영어 공부의 목적은 영어로 대화하기 위한 것이므로 스피킹에 대한 필요성을 절실히 느끼리라 생각됩니다.

특히 최근에는 TOEIC Speaking, OPIc, IELTS 등 진짜 영어 실력이라 할 수 있는 스피킹을 중시하는 시험들이 크게 확대되고 있는 추세라 더더욱 그 필요성에 대해 실감을 하게 됩니다.

사실 TOEIC점수가 800점이 넘거나 심지어 900점 대의 학생들도 스피킹 실력은 점수와 딴판인 경우가 너무도 많습니다. 스피킹 실력의 관건은 영어로 얼마나 말을 많이 해보았느냐는 것인데 국내에만 있어서는 이를 완벽히 해결할 방법이 딱히 많아 보이지는 않습니다. 원어민 학원을 다녀 봐도 내게 할당되는 시간으론 역부족이고, 미드를 본다 한들 내가 말을 할 기회는 없습니다. 도대체 어찌하면 스피킹 실력을 향상시킬 수 있을까요? 어찌해야 미국 관광객만 스쳐 지나가도 나타나는 영어 울렁증을 극복할 수 있을까요?

유창한 스피킹은 말 그대로 입이 트여야 가능한 경지이니만큼 그러기 위해서는 입이 트일 때까지 무수히 많은 말을 해 보는 수밖에 없습니다. 영어만 사용할 수 있는 환경이라면 고민할 필요도 없겠지만 국내에서는 쉽지 않으니 아쉬운 대로 영어 스피킹을 해결할 수 있는 방법을 한번 알아보도록 합니다. 본인의 노력 여하에 따라 얼마든지 발전할 수 있는 방법이며, 비용도 들지 않는 경제적인 스피킹 공략법입니다. 반드시 한번 활용해 보시기 바랍니다.

필자가 추천하는 스피킹 공략법은 너무도 단순한 정의에서 출발합니다.

'무조건 입을 열어라.'

어느 책에서건 강조하는 모토이지요. 그만큼 답은 하나라고 보아도 무방하다는 의미입니다.

그렇다면 무조건 입을 열기 위해서는 어떻게 해야 할까요? 바로 **원어민 친구**를 사귀는 것입니다.

어떻게 사귀냐구요? **가상으로 사귀는 것**입니다.

생각보다 재미있고 경제적이면서 효과가 우수한 방법입니다.

돈 한푼 들이지 않고도 세계적인 여배우 Jennifer Aniston을 만나 데이트를 할 수 있습니다.

Will Smith와 음악과 영화 이야기를 나눌 수 있습니다.

Taylor Momsen과 명동에 나가 옷과 화장품을 함께 고를 수도 있습니다.

그 누가 되었건 잘만 설득하면 나의 친구가 될 수 있습니다.

일단 친구하기로 약속했으면 혼자 있을 때 틈나는 대로 친구를 불러내어 이야기를 합니다.

내 영어가 좀 틀려도 군소리 없습니다. 단어가 생각이 안나 짜증이 나도 끝까지 인내심을 가지고 들어줍니다.

한가지 아쉬운 점은 히어링 연습이 불가능하다는 것이지만 스피킹에는 분명히 의미 있는 효과를 볼 수 있습니다. 정확한 영어를 사용하여 스피킹 하는 것이 궁극적인 목표라면 그 단계로 나아가기 위해선 이런 방법을 통해 수시로 영어로 말하는 습관을 익혀두는 노력이 꼭 필요합니다.

이것도 방법이냐며 코웃음을 칠 수도 있겠지만 이러한 Image training의 효과는 실전의 상황에서 대단한 위력을 나타냅니다.

실제 존재하는 원어민 친구가 있으면 좋겠지만 현실적으로 쉽지 않은 일이기 때문에 대부분 학원을 다니거나 시간이 부족한 사람들은 전화영어 또는 화상영어로 스피킹 연습을 하고 있습니다. 어떤 사람들은 외국인 출몰 지역에 수시로 돌아 다니면서 가이드를 자처하기도 하고 또 어떤 이는 길을 지나는 다른 외국인들에게 계속 같은 질문을 던지면서 스피킹 실력을 향상시키기도 합니다. 다들 좋은 방법일 뿐만 아니라, 그 정도의 열의라면 분명히 스피킹의 고수가 될 수 있습니다. 하지만 필자가 추천하는 가상의 미국인 친구는 그러한 방법들에 비해 경제적이며, 일단 때와 장소를 가리지 않는다는 것이 장점입니다. 물론 혼자 있을 때에만 친구를 불러내야 한다는 것이 다소 아쉬운 점이라고나 할까요. 미친 척하고 일주일만이라도 한번 도전해 보시기 바랍니다. 멋진 친구를 사귀는 데 그 정도의 성의는 보여야죠.

그리고, 술만 마시면 방언처럼 영어가 터져 나오는 분들. 주변에 보면 이런 친구가 꼭 한 사람 정도는 있습니다.

알코올이 영어 울렁증을 일시 해제시켰기 때문에 스스럼없이 영어가 나오는 것이지요. 스피킹 실력 향상에 얼마나 도움이 되는지 과학적으로 밝혀진 바는 없지만 안 하는 것보단 나을 수 있으니 민폐 수준만 아니라면 말리고 싶은 생각은 없습니다. 하지만 맨 정신에서는 스피킹이 제대로 안 된다면 결코 좋은 방법이라고 볼 수는 없겠지요.

'Writing' 세줄 메모로 해결한다

writing의 경우엔 별도로 익히지 않더라도 말하는 수준만큼은 가능합니다. 수준이 높은 작문이나 무역서신 등 전문적인 분야의 글쓰기는 영어만 잘 한다고 해결되는 것이 아니라 특별한 노력과 시간을 투자하여야만 가능하기 때문에 writing에 관해서는 본 책에서 비중 있게 다루지는 않습니다.

하지만 기본적인 작문에도 엄연히 구별되는 구어체와 문어체가 있기 때문에 영어로 꽤 말을 잘 하는 사람도 영작은 어색한 표현으로 넘쳐나는 경우가 많습니다. 사실 작문도 습관이 필요합니다. 갑자기 글을 쓰라고 하면 영문 이메일 하나에도 당황하게 마련입니다.

그래서 많이 추천하는 것이 영어로 일기쓰기입니다. 물론 꾸준히 쓸 수 있다면 아주 좋겠지만 사실 매일 일기 쓰기란 꽤나 성가신 일이 아닐 수 없습니다. 한글로 일기를 꾸준히 쓰는 사람이 몇 퍼센트나 될까요? 그리고 한글로 일기를 계속 써온 사람들은 영어로 쓰는 것에 오히려 더 강한 거부감을 가집니다. 자기만의 스토리에 많은 느낌을 담아 쓰다가 영어로 바꿔 쓰려고 하니 영 맛이 안 나는 것이죠. 하물며 안 쓰던 사람이 그것도 영어로 일기를 시작하기란 쉽지 않을 뿐만 아니라 그나마 작심삼일이 대부분입니다.

대안으로, 길어야 **세 줄을 넘지 않는 영문 메모 작성**을 추천합니다. 대신 최소한 **매일 빠트리지 않고 작성**하는 것입니다. 그날의 주요 이벤트, 혹은 하루의 소회를 짧은 문장으로 표현하는 것. 그것만으로도 영작문의 감각은 꾸준히 계발되고 성장할 수 있습니다. 그리고 딱히 쓸 말이 없는 날에는 명 문장을 골라 대신해도 좋습니다. 단 최소한 외운 다음 옮겨 적는 성의는 스스로 보여야겠죠.

또한 영작을 통해서 얻을 수 있는 부가적인 혜택이 하나 있습니다. 영작은 스피킹에도 도움이 된다는 것입니다. 글을 쓰다 보면 우리의 두뇌는 말을 만들어 내느라 분주해집니다. 이렇게 조어를 위한 두뇌 단련은 스피킹의 능력을 한껏 드높여 줍니다. 한번 써 본 말은 훨씬 수월하게 나올 뿐만 아니라, 작문 연습은 다소 복잡한 문장을 말할 때 특히 큰 도움이 됩니다.

문법 공부는 꼭 해야 하나?

영문법에 대한 고민은 사실 초급, 중급 수준의 학습자들이 공통적으로 가지고 있는 골칫덩이입니다. 영어를 잘 하기 위해 문법에 대한 공부가 반드시 선행되어야 할까요? 문법만 잘 알아도 영어가 수월해질까요? 사실 영어를 커뮤니케이션 수단으로 활용하기 위한 목적의 관점에서 본다면 문법 공부는 절대적이지 않다는 의견이 있습니다. 그리고 이는 많은 이들의 동감과 환영을 이끌 수도 있다고 봅니다. 미국사람은 문법을 배운 적 없어도 영어를 잘하지 않느냐며 심지어 문법 무용론을 주장하는 일부 의견도 있습니다. 하지만 저는 학자가 아닌 이상 문법공부에 대한 실용적 가치에 대해서만 언급하려고 합니다. 문법이 선행학습이 되어야 하는지에 대하여 저는 지극히 당연한 의견을 제시합니다.

'문법공부란 언젠가 **한번은 반드시 넘어야 할 산**'

'문법 공부는 해야 하나?'라는 이런 종류의 질문에는 보통 '안해도 된다'가 나오는 것이 일반적인데 저 따위의 답변에 혹시 낚였다며 분개하고 있을 독자분들이 많지 않을까 우려됩니다.

좀 더 설명을 드리자면, 영어 기초단계의 성인라면 문법책을 먼저 일독한 뒤 본격적으로 영어를 시작하는 것도 좋습니다. 단, 이때 가장 쉬운 문법책으로 문법을 익혀야 하는 것이 무엇보다 중요합니다. 두툼하고 세세한 내용의 문법책은 영어를 더욱 질리게 할 뿐입니다. 이 단계에서 문법책을 통해 SVO 형식의 영어 기본 골격을 인지했다면 그것만으로도 성과가 있는 것입니다. 행여나 문법이 수학 공식으로 느껴진다면 아예 문법책을 접는 편이 낫습니다. 일단 문법책을 일독했다면 계속해서 영어의 기본 골격이자 기초원리인 SVO 형식에 집중하면서 리딩을 시작하면 됩니다.

이후 리딩의 속도가 올라가고 좀 더 복잡한 문장의 분석을 위해 문법이라는 배경지식이 요구되면 그때그때 필요한 부분의 문법을 익힙니다. 훗날 초급을 훌쩍 벗어나 일정한 수준에 도달하면 그때 다시 시간을 내어 문법책 하나를 처음부터 끝까지 정독할 기회를 가져야 합니다.

하지만 이때는 이미 문법책이 새로운 규칙에 대한 암기와 이해를 요구하는 골칫거리가 아니라, 이미 눈치 채고 있던 말의 규칙에 대한 구체적인 내용을 확실히 알려주는 고마운 책으로 느껴지면서 아주 편안한 마음으로 다시 보게 됩니다.

문법 때문에 영어공부에 대한 흥미가 반감되거나 문법에 얽매어 두려운 마음에 영어를 말하지 못하는 우를 범해서는 결코 안됩니다. 사실 문법공부는 영어를 외국어로 접하는 우리에겐 필요한 과정입니다. **문법책은 영어 사용 설명서입**니다. 설명서를 보지 않고도 장난감을 잘 조립하는 사람이 있지만 영어는 장난감이 아닙니다. 성가신 존재가 아니라 친절하게 풀어놓은 가이드북입니다.

정말 반가운 소식은 최근 기초 문법을 아주 쉽고 재미있게 설명한 훌륭한 영문법 책들이 시중에 대단히 많다는 것입니다. 문법책은 반드시 쉽고 가벼운 것으로 시작하시기 바랍니다. 영문과 학생이 아니라면 두껍고 딱딱하기 그지없는 내용의 문법책을 굳이 사서 낑낑댈 이유가 전혀 없다는 것입니다. 지적 능력이 아주 낮은 원어민도 정확한 문법에 의거하여 영어를 사용합니다. 그만큼 문법은 복잡한 것이 아니라는 것입니다. 단지 외국인인 우리가 우리와 다른 영어 어순에 익숙하지 않아서일 뿐입니다.

영어고민 해결사 엉클잭 의 **xyz**

PART 2 영어와 친해지기

영어로부터 자유로워지기 위해서는 영어에 완전히 능숙해지든가, 아니면 아예 나 몰라라 하고 평생 영어를 외면하며 살아야겠지요. 하지만 능숙해지기 위해선 순서가 있는 법, 우선 영어와 친해지는 과정이 필요합니다. 사람도 친해지면 편안해지듯 영어도 마찬가지입니다. 영어에 거부감이 있거나 항상 영어가 낯설고 어려운 사람들은 특히나 가볍게 시작하는 것이 좋습니다. 이런 단계에 속한 사람들이라면 영어를 잘 하는 것보다 영어를 잘 아는 것이 우선이기 때문입니다. 영어와 관련한 가볍고 재미있는 이야깃거리로 영어와 친해지기를 시작해 봅니다.

Part2에서 여러분은 영어와 친해질 수 있는 여러 가지 많은 이야기들을 만나게 됩니다.

스피킹에 강해지는 법에서부터, 좋은 발음을 위한 팁, 원어민의 발음이 귀에 들어오게 되는 리스닝 방법, 콩글리시에 얽힌 재미있는 사례들, 그리고 진정한 커뮤니케이션을 위한 미국 문화가 배경이 되는 미드 이야기에 이르기까지 다양한 이야기들을 통해 영어라는 이름의 친구에 대해 좀 더 알게 되는 기회를 가지게 됩니다.

재주 있는 자는 노력하는 자를 이길 수 없고, 노력하는 자는 즐기는 자를 이기지 못한다는 말처럼 영어와 관련해서는 편한 마음으로 가벼운 내용부터 즐기듯 시작해야 합니다. 난해하고 복잡한 문법을 만나도 알고 나면 결국 기본적인 규칙에서 크게 벗어나지 않음을 믿고 자신 있게 맞서야 합니다. 그래야 영어를 비로소 즐길 수 있습니다.

미국에서 살다 온 연예인의 영어 실력

앞서 얘기 했듯이 토익 점수가 높은 친구라도 스피킹엔 쩔쩔 매는 경우를 많이 보게 됩니다. 또한 심지어 미국에서 오래 살다 온 사람일지라도 기대를 저버리는 서툰 실력에 깜짝 놀라기도 합니다. 그런 사람을 만나고 나면, 행여나 살다 온 사람도 저렇게 못하는데 내가 못하는 건 당연하지 하고 스스로 위로하는 게 아니라, 그만큼이나 살다 와도 실력이 저 정도라면 영어는 정말 어려운 것이 아닐까 하고 두려워할 까봐 오히려 걱정입니다.

오래 살다 와도 영어가 안 되는 사람은 영어가 늘 두려운 사람들입니다. 결국 한인타운을 벗어나지 못하고 한인들 위주로만 교류하다 돌아온 사람들이 대부분이라는 것이죠.

특히 요즘은 교포 출신 연예인이 워낙 흔한 세상이라 개인적으로 그들의 영어 수준은 어느 정도일까 하고 관심을 가져본 적이 있는데 조사해보니, 정말 살다 온 것이 맞는지 의심이 가는 이에서부터 10년을 거주했다는 사실이 믿기지 않을 정도의 엉성한 수준을 보여준 이들도 적지 않더군요. 심지어 그 정도의 영어를 사용하면서 한국어는 왜 서툰 것인지 도무지 이해하기 힘들었던 어떤 유명한 rapper에 이르기까지 하여간 여러모로 깜짝 놀랐던 기억이 있습니다.

물론 논문을 목적으로 조사한 것이 아니라 영어 잘하는 연예인으로 알려진 사람들의 영어 인터뷰 자료화면을 통해 알아본 결과이기 때문에 판단의 근거는 다소 빈약하지만 개인적으로는 재미있기도 하고 다소 놀라기도 했던 기억이 있습니다.

 해외파임이 의심스러울 정도로 영어 실력이 미달인 분들은 자칫 논란의 소지가 있어 실명 거론하진 않겠습니다. 그리고 그들의 해외 경험이 거짓이라는 것이 아니라 영어 실력만 보았을 때 결코 영어를 잘 한다고 볼 수 없는 수준이란 의미입니다.

물론 원어민에 가까운 리듬과 속도로 유창하게 말하는 연예인도 있지만 상대적으로 그 수가 적다는 것은 의아할 정도입니다. 혹시 소속사에서 이미지 관리를 위해 해외파라고 과대 포장을 한 건 아닌지 싶을 정도의 이들이 너무 많아서 말입니다. 그게 아니라면 5~10년 전후의 해외 체류 경험으로도 사람에 따라선 영어가 그 정도 밖에 되지 않는다는 방증입니다.

여기서 힘이 되는 교훈하나. 굳이 멀리 다녀오지 않아도 그들보다 충분히 잘 할 수 있습니다.

그리고, 아무리 유창한 실력을 가진 이들이라도 대략 12세 이후에 미국으로 이민을 간 경우엔 회화는 유창해 보여도 액센트는 여전히 한국인입니다. 웬만한 전문가라면 액센트만 듣고도 그들이 원어민의 음색이 아님을 쉽게 구별해 낼 수 있지요.

물론 음색이 다르다고 해서 완벽한 영어실력을 갖추지 않았다는 의미가 아닙니다. Language barrier가 완성되는 12세 전후로 익히기 시작한 외국어는 이미 모국어 단계를 넘어섰기 때문에 발음의 방식이 모국어의 영향을 벗어나기란 대단히 어렵습니다. 발음이 약간 다르다는 것일 뿐 역시 유창한 영어를 하는 사람임에는 틀림이 없습니다. 한예슬 씨나 이다해 씨 같은 경우는 원어민 발음은 아니지만 오히려 더 정갈하고 매력적인 느낌이었고 원어민들조차 그들의 유창함을 의심하지 않습니다. 그 외에도 영어 잘하는 연예인으로는 브라이언, 김윤진, 정려원, 애즈원 등이 기억에 남습니다. 물론 영어를 한국어보다 더 잘 하는 박정현, 박준형(GOD), 가수 제이와 같은 연예인들은 일단 제외합니다. 그리고 개인적으론 특히 타블로 씨가 기억에 많이 남습니다. 학력을 의심받는 바람에 마음 고생을 많이 해서 많은 팬들의 염려를 사기도 했지요. 타블로를 의심하는 사람들이 그 이유 중의 하나로 영어 발음과 스피킹 수준을 꾸준히 거론해 왔습니다. 세계적인 명문대학의, 그것도 영문과 출신의 수재라고 하기엔 어눌하다는 것이지요. 사실 동영상만으로 판단했을 때는 자칫 오해를 살 수도 있겠구나 하는 생각이 들었습니다. 물론 저는 그의 학력과 영어실력을 추호도 의심하지 않습니다. 그는 우수한 두뇌와 발군의 작문 실력으로 훌륭한 대학을 입학한 것입니다. 동영상에서 보면 인터뷰 내용이 학문적인 내용도 아닌데 신변잡기의 대화만으로 사람의 지적인 수준을 단정지어선 안될 일이지요. 대화의 주제가 영문학이었다면 그의 진짜 영어실력을 볼 수 있었을 것입니다. 스탠포드 출신이라면 보통의 미국인보다 영어를 더 잘 하지 않을까 하는 단순한 기대감이 오해를 증폭시킨 듯합니다. 그로선 느끼한 영어 발음이 아닌 것이 억울할 따름이지요. 이런 사례를 보면 발음이 참으로 중요해 보이긴 합니다.

하지만 미국인과 발음이 똑같이 되지 않는다고 해서 답답해 할 이유는 없습니다. 이제 영어는 글로벌 커뮤니케이션의 목적으로 익혀야 합니다. 서로의 의사를 정확히 주고받을 수 있는 진정한 커뮤니케이션의 능력, 상대방을 영어로 설득할 수 있는 영어적 사고의 논리력. 그것이 바로 훌륭한 스피킹의 능력입니다. 물론 발음이 미국인에 가까워서 스스로의 만족도가 올라간다면 더욱 좋은 일이지요. 하지만 상대방은 나의 발음보단 나의 이야기 주제와 논리에 더욱 중점을 둔다는 것을 기억하시기 바랍니다.

사실 본 책에서는 최대한 미국 원어민의 발음을 기준으로 설명을 하고 있습니다만 편의상의 이유이니 어떻게 해도 안 되는 소수의 분들도 포기하지 말고 상대방이 알아들을 수 있는 발음이면 충분하다는 유연한 생각을 가지시기 바랍니다.

'빠다' 발린 발음이 안 된다고 해서 혀 밑 절개 수술을 한다거나 접시를 혓바닥으로 핥는 우매한 일은 결코 없어야 할 것입니다.

미국에서 살아본 적도, 공부해 본 일도 전혀 없는 이보영 선생은 어려서부터 영어를 자연스럽게 즐기다 보니 어느새 원어민이 되어버린 대표적인 성공 사례라 생각합니다. 비 유학파 성공사례로 늘 회자되는 분이지요. 외국인과 교류가 많은 집안 환경 덕에 어려서부터 영어를 사용해 볼 수 있는 좋은 환경을 놓치지 않고 영어 공부의 훌륭한 기회로 삼은 것이라 합니다. 어려서 잘 몰랐기 때문에 영어에 대한 두려움은 오히려 없었던 것이겠지요. 그 이후로도 계속해서 끊임없이 노력하고 스스로 단련해 가며 교수법을 연구했던 터라 나름 고생이 많았을 것임은 충분히 짐작할 수 있지만, 그 과정에서 영어를 골치 아프고 성가신 존재로 생각했다면 지금의 자리에 오를 수는 없었을 것입니다.

영어만큼은 조급한 마음을 버리고 중단 없이 될 때까지 한다는 마음으로 매 순간순간을 즐길 수 있기를 바랍니다.

쉬우면 쉬운 대로 어려우면 또 어려운 대로….

아는 영어, 안 되는 영어

영어 초보자에게 스피킹은 늘 두려운 법.

외국인 앞에 서면 머리 속이 하얘지며 순간 단어기억상실증에 걸린 것만 같고,

아는 영어도 안 되는 듯한 느낌이 듭니다.

이럴 땐 틀리더라도 우선 하고 본다는 자세로 배짱을 가져야 합니다.

그리고 때로는, 모르는 단어도 아니고 쉬운 문장임에도 불구하고 속 뜻이 예

상과 사뭇 다르거나, 영어로 문장을 만들었을 때 그 의미가 제대로 전달되지

않는 경우가 많습니다.

한영사전만으로도 공부하면 자주 맞닥뜨리게 되는 상황이지요. 단어의 한글

뜻에 얽매어 있거나, 뉘앙스를 잘 이해하지 못해 벌어지는 아는 영어도 잘 안

되는 여러가지 이야기들입니다.

어디가 틀렸는지 왜 그것이 틀린 것인지, 어떻게 고쳐야 하는지 그에 대한 진

단과 해결 방법을 함께 알아보도록 하겠습니다.

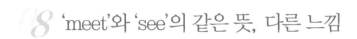

8 'meet'와 'see'의 같은 뜻, 다른 느낌

어제에 이어 오늘도 친구를 만나 신나게 놀고는 이제 집으로 돌아가려는 찰나입니다. 어떤 인사를 해야 할까요?

만나서 반갑다라는 말은 Nice to meet you, 헤어질 때는 Nice meeting you라고 배웠으니 당당하게 손을 흔들며 환한 미소로 인사를 합니다.

Nice meeting you!

사실은 이렇게 말해도 큰 문제될 일은 없지만 이런 상황에서 딱 맞는 인사는 아닙니다. 우연히 길을 가다 아는 친구를 만났을 때 잠시 이야기 나누고 헤어지는 인사로는 적격인 표현이지만, 이처럼 자주 어울리며 같이 놀다 헤어지는 친구 사이의 인사로는 왠지 어색한 느낌을 주는 표현입니다.

이때 적절한 표현은 Nice seeing you입니다.

meet는 보통 처음 만나는 자리에서 사용하는 단어라고 보면 됩니다. 소개를 받아 처음 인사하는 자리에서, 그리고 헤어지면서 meet를 사용합니다. 구면의 사람과 만나고 헤어질 때는 동사 see를 주로 사용합니다.

It's good to see you! (이게 누구야!)

Nice seeing you! (안녕! 만나서 즐거웠어)

하지만 아는 사람이라 할지라도 만났다는 그 사실 자체를 강조할 때나, 우연히 만났을 때는 meet를 사용할 수 있습니다.

I went to his office to meet him.

(그를 만나러 사무실로 찾아갔지)

I met my mother on my way home.

(집에 오는 길에 엄마를 만났어)

9 by와 until 중 어느 것을 사용해야 할까?

동생이 친구를 만나러 집을 나서려 합니다.

밤 10시까지는 집에 들어와야 한다고 당부를 하고 싶은데, 영어로 어떻게 말을 해야 할까요? '~까지'에 해당하는 영어인 by와 until이 우선 머리 속에 떠오르시죠?

(A) I want you to come back home by 10 o'clock.

(B) I want you to come back home until 10 o'clock.

위 (A), (B) 중에서 정답은 무엇일까요?.

위 내용의 문장에서는 by가 사용된 (A)가 정답입니다.

(A)는 by 전치사를 사용하였기 때문에 '밖에서 그 동안 무엇을 하든 10시에는 들어와야 한다'는 의미가 됩니다.

반면, (B)는 '~까지'의 의미를 가지고 있어서 언뜻 제대로 된 표현인 것처럼 보이지만 동사의 속성을 비추어 보면 어색한 문장이 됩니다.

즉, 10시**까지 계속해서** come 하는 행위를 지속하라는 뜻이 되기 때문입니다.

그러므로 until은 어떠한 동작이나 행위가 정해진 시간에 이르기까지 지속되거나 계속 반복될 때 사용하는 전치사입니다.

다음에 나오는 다른 표현을 통해서 그 느낌을 확연히 알 수 있습니다.

I want you to study until 10 o'clock.
(난 네가 10시까지 공부했으면 좋겠다)

위 문장은 공부하는 행동이 10시까지 지속적으로 이루어지는 상태를 의미하기 때문에 until은 제대로 사용된 것입니다. 이처럼 단발의 동작으로 끝나는 come 동사와는 달리 행위의 동작이 연속성을 가진 study가 동사로 사용되었기 때문에 until이 자연스럽게 느껴집니다.

come과 study, 동사만 바뀌었을 뿐인데 동사의 속성, 즉 동작의 성격에 따라 전치사의 활용이 달라지는 사례입니다. 그렇기 때문에 적절한 전치사를 사용하기 위해선 문장 내의 동사가 어떤 동작의 흐름을 가지고 있는지 먼저 이해하는 것이 전치사를 제대로 사용할 수 있는 포인트입니다.

10 헷갈리는 many와 much 그리고 a lot of

많다는 뜻의 many와 much.
셀 수 있는 건 many, 셀 수 없는 건 much. 이 정도는 누구나 기본적으로 알고 있는 상식입니다.

하지만 무턱대고 막 사용하기엔 좀 더 제대로 알아두어야 할 내용이 있습니다.
다음 보기를 볼까요?

(A) I have many money.

(B) I have much money.

(C) I have a lot of money.

어떤 것이 맞는 표현일까요?

(A) 돈은 셀 수 없는 불가산 명사이므로 many를 사용한 이 문장은 잘못 된 것입니다.

(B) 불가산 명사 앞에 much를 사용하는 것이 맞긴 하지만 much는 부정문과 의문문에서 사용합니다.

(C)가 여기서는 가장 올바른 표현입니다.

 다른 예문을 하나 볼까요?

(A) I don't have much money.

(B) I don't have a lot of money.

위 두 문장은 부정문이기 때문에 much를 사용한 (A)가 올바른 표현입니다.

결론적으로, 회화체에 있어서 many와 much는 부정문과 의문문에서 주로 사용하고, a lot of 는 가산명사, 불가산명사 가리지 않고 긍정문에서 사용합니다.

그렇기 때문에 가산명사인지 불가산명사인지 헷갈리는 명사를 언급할 땐 안전하게 a lot of를 사용하면 됩니다.

여기서 잠깐! 셀 수 있는 돈이 어째서 불가산 명사냐고요? 그것은 만 원, 이만 원 액수를 세는 것이지, 한 돈, 두 돈, 세 돈 하는 게 아니기 때문입니다.

Do you know로 물을 때 조심해야 할 것

외국인 친구들과 이야기할 때 무심코 하게 되는 어색한 말 중의 하나가 있는데요 질문마다 Do you know로 시작하는 질문 습관입니다.

대개 영어로 질문을 받는 것보다 하는 것이 더 쉽기 때문에 어색한 침묵의 시간을 벗어나고자 별 뜻 없이 Do you know~ 하면서 계속 질문을 던지게 되는 경우가 있습니다.

우리나라 역사에 대해 이야기해 주고 싶어서 이순신 장군을 아는지 외국인 친구에게 물어 봅니다.

Do you know Lee Soonshin?

이것은 어법상 문제 없어 보이지만 잘못된 표현입니다.

그 외국인 친구가 설령 이순신 장군에 대해 알고 있다 하더라도 Yes I do라고 할 수는 없습니다.

왜냐하면 그 친구와 이순신 장군은 서로 아는 사이가 아니기 때문이지요.

물론, 이순신 장군에 대해서 공부를 했거나 많이 들어왔다면 I know about him이라고 표현해도 아무 문제 없습니다.

단, about이 들어가야 합니다.

'to know someone'은 면식이 있는 관계에서 사용하는 표현입니다.

타임머신이 나오기 전까진 이순신 장군을 know할 방법은 없습니다.

이때는,

Do you know who Lee Soonshin is?

또는

Have you heard about Admiral Lee Soonshin?

이라고 표현해야 비로소 자연스러운 질문이 됩니다.

12 ago와 before를 정확하게 사용하는 방법

When did he leave here? (그 사람 언제 여길 떠났지?)

이 질문에 옳은 대답은 무엇일까요?

(A) An hour ago

(B) An hour before

한글로 보면 둘 다 같은 말로 보입니다. ago는 ~이전에의 뜻이고 before 역시 ~전에, ~앞에의 뜻입니다.

하지만 정답은 (A)번입니다. 왜냐하면 시간을 나타내는 단어가 있기 때문입니다. an hour와 같이 시간을 나타내는 단어가 있을 때는 ago를 사용한다는 것을 꼭 기억하시기 바랍니다.

그렇다면 다음 문장에 알맞은 단어는 무엇일까요?

He left (before / ago) I got here.

이 문장은 시간을 나타내는 단어가 없거니와, 내가 그 곳에 도착한 때를 기준으로 사건 발생 시간의 전후를 따지는 것이기 때문에 before가 옳은 답입니다. 즉, 사건의 전후나 일의 진행 순서를 나타내는 단어가 있을 때는 before 가 사용됩니다.

3 must와 have to의 미묘한 차이

must는 have to와 바꿔 쓸 수 있다고 배웠습니다.

하지만 부정문일 경우엔 must not이 don't have to가 될 수 없다는 것도 알고 있습니다. 그 이유는 don't have to 의 경우 don't need to의 의미로 변형되기 때문이라는 것도 함께 배웠었지요.

부정문의 경우엔 위의 설명이 틀리지 않습니다.

그러나 긍정문인 must와 have to의 사이에도 약간의 미묘한 차이가 있습니다. must 는 내가 스스로 책임감을 느껴서 하는 행동이고, have to는 외부로부터의 지시, 부탁 혹은 강요에 의한 행동이거나 필히 수행해야 할 임무에 해당하는 경우에 사용한다는 것입니다.

예를 들어 볼까요?
'나는 지금 그곳에 가야 해'

I must go there now.
위 문장은 아무도 가라고 강요하진 않았지만 스스로 판단해 보건대 꼭 가야 할 것 같은 생각이 드니는 것입니다.

I have to go there now.

반면에 이 문장은 그곳에서 친구를 만나기로 약속을 했기 때문이거나 근무 교대시간이 때문에 반드시 가야 할 경우를 나타냅니다. 가기 싫건 좋건 내 의지와는 크게 상관이 없습니다.

어떤가요? 좀 다르지 않나요?

말을 꺼내기 전에 애써 구별하면서까지 사용해야 하나 하는 생각이 들진 모르겠지만 말이란 것이 '아' 다르고 '어' 다르듯 말 한마디 때문에 상황이 달라질 수도 있으니 이런 세세한 부분도 잘 이해해 둘 필요가 있습니다.

14 am 10:00일까 10:00 a.m. 일까?

오전 10시부터 정오까지 2시간 동안 회의가 있습니다. 시간표시는 어떻게 할까요?

(A) am 10:00 ~ am 12:00

(B) am 10:00 ~ pm 12:00

(C) 10:00 a.m.~ 12:00 a.m.

(D) 10:00 a.m.~ 12:00 p.m.

정답은 (C)번 입니다.

오전은 a.m.으로 표시하며 ante meridiem의 약어이고,

오후는 p.m.으로 표시하며 post meridiem의 약어입니다.

회화체에서는 텐 에이엠 또는 ten in the morning으로 발음합니다.

그리고 정오와 자정을 혼동하면 안되겠지요.

낮 12시는 12:00 a.m.

밤 12시는 12:00 p.m.

5 interesting이야 fun이야?

How was 'Inception'? (영화 인셉션 어땠어?)

It was fun (응 재미있었어)

우리말 '재미있다'에 해당하는 단어로는 fun이 가장 먼저 떠오르기 때문에 이런 대화가 자연스럽게 느껴질 터.

하지만 위 문장에서 '재미있다'에 해당하는 단어를 사용하자면 interesting이 보다 더 적절한 표현입니다.

반면, 재미있는 게임을 했거나, 혹은 놀이동산에서 재미있게 놀다 온 후, 그런 경우에는 fun을 사용하는 것이 좋습니다.

interesting은 지적인 판단을 거쳐 어떤 흥미로운 요소를 발견했을 때 사용하는 일종의 좌뇌적인 표현이고, fun은 웃음이 동반되고 즐거움을 바탕으로 하는 좀더 우뇌적인 느낌의 표현이기 때문이지요.

그렇다면…

"어제 남자친구랑 심형래 영화 '라스트 갓파더' 보러 갔다면서? 어땠어?"

이 질문에 대해서 아래와 같이 답변할 수 있을 것입니다.

It was funny. (웃겼어)

영화의 내용이 웃기고 재미있었다는 뜻입니다.

It was fun. (즐거웠어)

영화를 보러 간 자체가 즐거웠다는 뉘앙스가 있습니다.

It was interesting. (흥미롭더군)

영화 내용에서 흥미로운 요소를 발견했다든지, 아니면 이런 영화가 왜 재미있다고 하는지 참 알다가도 모를 일이야 하는 뉘앙스가 느껴지는 표현입니다.

16 우리는 How, 미국은 What

어떻게는 영어로 how.

무작정 그렇게만 외우다 보면 콩글리시가 또 나올수 밖에 없습니다.

다음 문장을 영어로 말해 볼까요?

"그 사람 어떻게 생각해?"

How가 맨 먼저 머리 속에 떠 오르면 당신은 콩글리시 상급이 확실합니다.

예를 들어 다음과 같이 영작을 했다면 말이죠.

How do you think of him?

위 문장은 think에 대한 속성, 혹은 방법을 묻는 표현입니다.

즉, 그 사람에 대해 생각을 해 보았다면 어떤 방법을 통해서 생각을 했는지 물어보는 질문이 될 수도 있다는 말입니다.

그렇다면 어떻게 표현해야 할까요?

What do you think of him?

이럴 땐 이렇게 말해야 올바른 영어 표현이라 할 수 있습니다.

그 사람에 대해 느끼고 생각되는 그것이 무엇(what)인지를 묻는 것, 이것 또한 바로 영어식 발상이지요..

한국말에도 이런 우스갯 소리가 있죠.

간호사: 어떻게 오셨나요?

환자: 버스 타고 왔는데요.

17 Go는 오다, Come은 가다. 이게 웬 말?

누구나 다 알고 있는 단어인 go도 가끔 잘못 사용하고 있다는 사실을 알고 있는지?

Where are you now? Aren't you coming?

(너 지금 어디냐? 빨리 안 오고 뭐해?)

약속 시간에 좀 늦었는네 친구가 이처럼 전화에 대고 닦달을 하고 있네요. 이럴 때 '지금 가고 있어!'라는 말은 어떻게 해야 할까요?

'가고 있다'라는 이유로 going이 먼저 떠오른다면 또한 콩글리시입니다. 이 때는 coming을 사용해야 합니다. 사실 많은 사람들이 실수하면서도 모르고 넘어가는 부분입니다.

go와 come을 사용하는 방법은 아주 간단합니다. 하나만 기억하면 됩니다. 오든지 가든지 상관없이 내가 상대방에게 멀어지면 go, 상대방에게 가까워지면 come입니다.

예문 하나 더.
"오늘 저녁에 파티 있는데 같이 안 갈래?"
같이 안 갈래? 라는 표현은 why don't you come with us?가 되어야 합니다. '갈래?' 라고 물었지만 come을 사용한다는 것이죠. 나도 가기 때문입니다.

이때 만약 why don't you go?로 물어 본다면,
"나는 안 가지만 너는 가지 그래?"라는 의미가 됩니다.

하지만 이 말은 말하는 사람의 표정에 따라 "너 좀 저리로 가 줄래?"라는 말이 될 수도 있으니 조심해야겠죠?

간단하지만 영어식 사고가 필요한 표현이 되겠습니다.

8 초보들의 대표적인 실수 I'm boring

boring이 '재미없는', '지루한' 의 뜻을 가진 형용사라는 것은 잘 알고 계시죠?
영화를 보다 지루함을 견디지 못한 나머지 I'm boring 이라고 말을 한다면,
속마음이야 '나 지루해'라는 뜻이었겠지만, 이것은 '나는 지루한 사람이야' 내
지는 '난 재미없는 사람이야'라는 뜻이 되기 때문에 전혀 예상치 못한 결과를
초래할 수 있습니다.

이럴 땐,
I'm bored라고 해야 되겠죠.

영화가 재미없을 땐 This is boring, 그 영화 때문에 내가 지루하게 느껴질 땐
I'm bored가 되어야 합니다.

다른 예를 하나 들어 볼까요.
레이디 가가(Lady Gaga)의 공연 티켓을 생일 선물로 받았습니다.
가가의 공연을 직접 눈앞에서 볼 생각을 하니 너무 흥분됩니다.
소감을 묻는 친구에게 흥분한 나머지

I am exciting!이라고 외친다면 의아해하는 친구의 눈빛을 느끼게 됩니다.
이럴 땐,
I am excited!
excite는 누구를 흥분시키다 라는 뜻을 가진 타동사입니다. 그렇기 때문에 수
동태로 쓰여야 흥분시킴을 당하다, 고로 흥분하다 라는 뜻이 되는 것이지요.

exciting은 내가 지금 무언가를 흥분시키고 있는 중이라는 뜻이 됩니다.

사실 이런 류의 표현에 익숙하지 않아 좀처럼 구별을 못하는 분들이 의외로 많습니다.

이를 테면 영어 면접 중에 영화를 좋아하냐고 물어보면,
I am interesting in watching movies처럼 interested를 넣어야 할 부분에 interesting을 잘못 넣어 대답하는 경우를 종종 보게 됩니다.

사실 해석만으로도 타동사가 수동태가 되면 당연히 ed가 된다는 것은 쉽게 알 수 있지만, 주어에 따라 바뀌는 ed와 ing가 면접과 같은 긴장의 자리에서 순간적인 말로 나올 때 이렇게 가끔 혼동하는 경우를 의외로 많이 보게 되어 노파심에 당부를 드립니다.

감정을 나타내는 동사의 경우 주어가 사람이면 수동태로, 주어가 사물이면 능동태를 사용한다는 묻지마 암기법도 있지만 그런 식으로 무조건 외우기보다는 동사의 의미와 속성을 잘 알고 있다면 그다지 실수할 일은 없을 것입니다.

19 soon을 써야 할 곳에 early를 사용한다면?

soon 그리고 early.
둘 다 '일찍'이란 뜻입니다.
그런데 잘못 사용하면 상대방이 황당해 할 수도 있다니 한번 알아 볼까요?
항상 약속시간을 훌쩍 넘기기로 유명한 어느 여학생의 사례를 들어봅니다. 남

자친구와 영화를 보러 가기로 했는데 화장에 공을 들이다 보니 약속시간이 이미 지나버렸네요. 아무튼 택시를 기다리고 있는데 남자친구에게서 전화가 왔습니다.

Hey, where are you now? (남자친구: 지금 어디야?)

Sorry, I'll be there early. (미안해 일찍 갈게)

남자친구의 황당해 하는 표정이 눈에 선한 듯합니다.

이런 경우엔 early가 아니라 soon을 써서 I'll be there soon이라고 해야 맞는 표현입니다.

이미 늦었는데 early(일찍) 표현은 맞지 않죠.

부리나케 도착하자 착한 남자 친구가 그래도 이렇게 말을 합니다.

You got here soon.

예상보다 빨리 도착했다는 의미입니다. 그렇다고 약속 시간 전에 도착했다는 뜻은 아니지요.

You got here early.

이 말을 들을 수 있는 때는 약속시간보다 일찍 도착했을 경우입니다. 이미 늦었으니 들어볼 일은 없습니다.

그러므로, early는 정해진 시간보다 동작이 먼저 이루어진 경우에, soon은 지금 시간을 기점으로 동작이 빨리 이루어지거나 곧 행동이 이루어진다는 뜻입니다.

알쏭달쏭 드라마 영어

She's a butterface.

그녀는 butterface라니 도대체 무슨 뜻일까요?

얼굴이 버터처럼 달콤하다? 고소하다? 느끼하다?

기대하시라!

But + her + face (하지만 얼굴은 아니네요)

몸매는 S라인인 데 비해 얼굴의 미모는 많이 아쉬운 분들을 장난기 있게 표현한 속어랍니다.

하지만 사람을 결코 외모로만 평가해서는 안되겠지요. 그냥 알아만 두면 좋겠습니다.

1 I call shotgun!

친구들과 자동차를 타려는데 누군가 Shotgun!이라고 외쳤다면 어떻게 행동해야 할까요?

Shotgun은 산탄총이란 뜻, 그렇다면 누군가 총을 쏜다는 소리니까 살아 남으려면 바닥에 엎드릴 수밖에 없겠죠?

하지만 정말로 그랬다가는 말 그대로 원맨쇼가 될 수 있으니 일단 정확한 뜻을 알아 보도록 하겠습니다.

Shotgun! 하며 외치는 것은 운전석 옆자리에 앉겠다는 일종의 '앞자리 찜!'에 해당하는 표현입니다.

동서양을 막론하고 대부분 사람들은 자동차의 앞자리에 타는 것을 선호하는 경향이 있습니다. 택시는 예외이지만요.

승용차에 여럿이 같이 탈 때 앞자리가 편한 이유도 있고 특히 서양 사람들은 어려서부터 보호시트가 있는 뒷자리에 앉아야 했던 탓에 운전석 옆자리가 일종의 어릴 적 로망일 수도 있겠지요.

하여간 애나 어른이나 서로 먼저 그 자리에 앉겠다고 할 경우가 있는데 그 때 'I call shotgun'이라고 먼저 외치는 사람이 그 자리를 차지하게 되는 일종의 룰 입니다.

정확한 유래는 알 수 없으나, 갱 영화에서 보면 주로 조수석에 앉은 사람이 총질을 하기 때문에 아마 여기서 비롯되지 않았나 하는 생각이 듭니다.

2 mayday mayday mayday

mayday mayday mayday는 비행기나 선박이 조난당했을 때 사용하는 국제 공인의 조난 신호입니다.

mayday라고 표기해야 하며, May Day라고 표기하면 5월 1일, 즉 우리가 잘 아는 노동절이 되기 때문에 주의해야 합니다.

그래서 mayday, mayday, mayday 하고 세 번 반복하는 이유는 조난신호임을 확실히 전달하기 위해 정해진 원칙이라고 합니다.

그런데,
왜 하필 mayday일까요?
그것은 바로 불어에서 가져온 표현이기 때문입니다.
불어의 m'aider가 바로 help me의 뜻이 되겠습니다.
그리고 이 발음이 영어의 mayday와 비슷해서 차용하게 된 것이라고 합니다.

3 What's your 20?

캅 무비나 CSI 같은 수사물 드라마를 보다 보면, 배우들이 무전기에 대고 이처럼 말하는 모습을 종종 보게 됩니다.

"What's your twenty?"

이는 긴박한 출동상황에서 경찰들이 간단명료하게 소통하기 위한 일종의 통신용어인데요. 20이란 숫자는 specify location(위치 확인)을 요청하는 코드넘버입니다.

그래서 '지금 위치는 어디인가?'라는 질문이 되겠습니다.

옛날에는 통신기기의 음질이 좋지 않아 이렇게 짧고 명확한 소통을 위해서는 코드넘버의 사용이 꼭 필요했지만, 최근에 와서는 특별히 보안의 이슈가 아닌 경우, 이러한 코드넘버의 사용을 자제하는 분위기입니다.

4 John Doe & Jane Doe

마이애미 해변에서 총격전을 벌이며 달아나다 CCTV에 찍힌 범인의 이름도, 마약을 싣고 달리던 자동차가 전복된 후 불타는 자동차 속에서 발견된 운전자의 이름도, 모두 John Doe라고 합니다. 그 뿐만 아니라 셀 수도 없이 많고 많은 사건사고의 현장에서 항상 등장하는 사람의 이름은 John Doe 입니다.

하지만 알고 보면, John Doe 혼자서 동에 번쩍 서에 번쩍 사고를 치고 다니는 것이 아니었습니다. 신원불명의 시신이나, 혹은 아직 정확하게 밝혀지지 않아 이름을 알 수 없는 용의자의 이름을 John Doe라고 합니다.

여자일 경우엔 Jane Doe. 아이인 경우엔 baby Doe라고 표현하지요.

TV 뉴스에서 사건사고마다 그토록 줄기차게 John Doe가 등장하는 이유는 바로 이 때문입니다.

25 Objection!

미국에 살면서 법정에 설 일은 결코 없으면 좋겠지만, 사람 일은 알 수 없는 법, 살다 보면 미국에서 판사(judge)나 검사(prosecutor) 혹은 변호사(lawyer)가 될 수도 있고 아니면 juror(배심원)으로라도 법정에 참석하게 될지도 모를 일입니다.

이럴 때를 대비(?)해서 법정에서 많이 사용하는 용어들 몇 가지를 간단히 알아봅니다. 우리와 사뭇 다른 법정의 분위기 때문에 미국은 법정을 소재로 한 드라마가 많은 편입니다.

특히 미드 중에서 The good wife, Drop dead diva와 같은 법정물은 미국 법정의 분위기와 용어를 익히기에 훌륭한 수단입니다.

Objection! (이의 있습니다)
원고측 검사와 피고측의 변호사가 상대방의 의견에 부정한다는 의사표시를 나타내는 말입니다.

Sustained (인정합니다)
판사가 변호사나 검사의 이의 제기에 대해서 이유가 타당하다고 판단하여 인정한다는 의미이지요.

Overruled (기각합니다)
판사가 변호사나 검사의 이의 제기에 대해 수용 거절의 의미로 하는 말입니다.

Withdrawn (철회합니다)

좀 전에 제기했던 이의를 취소하고 도로 거두어 들인다는 의미가 되겠습니다.

특히 Objection을 외치고 난 다음, 항상 이유가 따르게 되어있는데 그 이유도 아래와 같이 정형화 되어 있습니다.

Objection! Leading the witness. (이의 있습니다. 증인을 유도하고 있습니다)

Objection. Irrelevant. (이의 있습니다. 이 사건과 무관합니다)

Objection. Speculation. (이의 있습니다. 억측에 불과합니다)

6 He's just a rebound guy.

rebound는 명사로는 '반동', 동사로는 '다시 튀어 오르다'의 뜻을 가지고 있습니다.

하지만 a rebound guy란,

남자친구에게 실연을 당한 여자가 그 슬픔을 잊기 위한 목적으로 만나는 상대를 말합니다. 상대방에 대한 애정 따윈 애초에 없이 충동적인 감정으로 만나는 것이지요.

미드와 영화에서도 가끔 들을 수 있는 표현입니다.

Hey, who's that guy? (어머, 저 남자 누구야?)

Forget it, he's just a rebound guy. (신경 끄셔, 그냥 아무 생각 없이 만나는 사람이야)

7 She is a legally blonde.

She is a legally blonde.

우선 직역으로는 '그녀는 법적으로 금발이다'의 뜻입니다.

Reese Witherspoon이 주연했던 동명의 영화 제목도 있었지요.

legally blonde (금발이 너무해)

한국어 제목은 그럴싸하게 잘 만들었지만 정확하게는 그런 뜻이 아니랍니다.

이 표현의 속뜻은

'그녀는 무식하다', '그녀는 멍청하다'의 뜻이 되겠습니다.

금발의 미녀는 얼굴만 예쁘고 머리는 딸린다는 농담이 있지요?

그래서 머리 나쁜 금발미녀를 소재로 한 joke가 아주 많습니다.

짤막한 joke 하나,

빨강머리, 갈색머리, 금발을 가진 세 명의 미녀가 죽어 나란히 하늘나라로 가게 되었습니다.

하느님이 말했습니다. "재주가 있거든 다시 돌려보내 주마. 단, 거짓말을 한다면 즉시 지옥으로 보내질 것이다"

빨강머리 미녀가 말했습니다.

"I think I can sing like a bird"

하느님이 노래를 들어보더니 크게 기뻐하며 다시 지상으로 돌려 보내 주었습니다.

갈색머리 미녀가 말했습니다.

"I think I'm really good at dancing"

하느님이 춤을 보더니 역시 기뻐하며 다시 지상으로 돌려보내 주었습니다.

금발이 말했습니다.

"I think…"

하느님이 말했습니다. "여봐라! 이 여자를 즉시 지옥으로 보내거라!"

Legally blonde는 너무 나쁜 시력 때문에 시각 장애우로 법적 인정을 받은 사람을 일컫는 legally blind에서 비롯된 일종의 말장난입니다. 시각 장애의 판정을 받게 되면 아무래도 조금 더 나은 사회 복지 혜택을 받을 수 있게 되는데 그렇게 하기 위해서는 나라에서 정한 여러 가지 항목의 법적 기준에 부합해야 합니다.

즉, legal blindness가 되어야 한다는 것이지요.

이렇듯 blind와 blonde가 발음이 비슷해서 이 같은 pun (말장난)이 탄생하게 되었습니다.

우리 나라에서는 사회적 약자를 빗댄 농담이 고약한 것으로 치부되지만 미국 유머에서는 민감해 보이는 이런 joke들이 공중파 프로그램을 포함하여 거의 성역 없이 난무합니다.

하지만 그런 농담들은 이미 사회적 합의가 되어 있는 문화이기 때문에 가능한 것입니다. 성역이 없다고 해서 그렇다고 개념 없이 마구 쏟아내지는 않습니다. 만일 그랬을 경우엔 우리보다 더욱 가혹한 잣대로 지탄을 받기도 합니다. 농담이란 반드시 모두가 즐거워야 하는 것이라 생각합니다. 어느 한쪽이 불쾌해지거나 무시당하는 농담이라면 그것은 결코 건강한 유머라 할 수 없겠지요.

 I make a mean cheeseburger.

I told you I make a mean cheeseburger.
(내가 잔인한 치즈를 만들 수 있다고 했죠)?

미드 CSI에서 맥이 페이튼에게 한 말입니다.

mean의 의미를 사전에서 찾아보면 '비열한, 잔인한, 상스러운'의 뜻이 있고

그나마 긍정적인 뜻으로 '평균의' 의미가 있습니다.

그렇다면 사전적인 의미로는 좋게 해석해도 기껏해야 '평균 수준의 치즈 버거'

정도 밖에는 안 되겠지요.

하지만, 여기서 mean은 '기가 막힌, 끝내주는'이란 뜻이랍니다. 일종의 역설

법으로 사용되는 슬랭이지요. 그래서 이 문장의 진짜 의미는,

"제가 그랬잖아요. 정말 끝내주게 맛있는 치즈 버거를 만들 줄 안다구요"

mean은 기가 막히게 좋은 물건이나 음식에 이처럼 사용하지만 같은 의미로

사람에게 사용할 수도 있습니다. 하지만 자칫 경망스러운 표현이 될 수 있으

니 완전히 익숙해지기 전까지는 그냥 알아만 두시기 바랍니다.

My mom can make a mean lasagne.
(우리 엄마는 정말 기똥차게 맛있는 라자냐를 만드시지)
He's got a mean body.

(그 사람 완전 몸짱이야)

The party was really awesome, it was mean!

(파티 정말 대단했어, 죽여주더군!)

9 She's a keeper.

She's a keeper.

영화나 드라마를 보다 보면 가끔 이런 표현을 만날 때가 있습니다. 사전만 뒤져서는 도통 알 수가 없는 표현이지요.

미드 Friends에서 Ross가 Rachel을 이렇게 칭찬했고, Glee의 Rachel도 이런 칭찬을 듣게 됩니다.

여기서 잠깐, Glee의 여주인공 극중 이름도 Rachel인 이유가 재미있습니다.

Glee의 Rachel이 말하기를

'아빠가 Friends의 Rachel을 워낙 좋아해서 내 이름도 Rachel로 지었대'

라는 대사가 나옵니다. 이것도 일종의 오마주(Hommage)라 할 수 있겠지요.

아무튼 She's a keeper의 의미는 '그녀는 결혼하고 싶은 사람이야'입니다.

가정적이면서 생활력도 강해 보이고 결혼 상대자로 딱이라는 생각이 드는 사람이 있습니다. 준비된 신붓감, 바로 그런 사람을 가리켜 사용하면 적절한 표현이 되겠습니다.

그리고 keeper는 남자에게도 사용할 수 있는 단어입니다. 결국 남녀를 가리지 않고 훌륭한 배우자 감, 또는 남은 여생을 함께 보내고 싶은 사람이라는 의미를 갖고 있는 단어입니다.

 One thing led to another

One thing led to another

lead to는 야기하다, 가져 오다의 뜻이지요.

그렇다면 위 문장을 말 그대로 보자면 '무엇인가 하나가 있고 그게 또 다른 무언가를 가져오고…' 의 뜻이 됩니다.

좀 더 자연스럽게 번역 하자면 '어찌어찌 하다 보니'입니다.

무슨 말을 하다가 길게 설명해야 할 일이 있을 때, 중요하지 않은 것은 좀 건너뛸 필요가 있지요. 그럴 때 적격인 표현이 되겠습니다.

Yesterday, I was over at my girlfriend's house. **One thing led to another,** and we were just getting to the good parts when her mom walks in.
"어제 여자친구네 집에 갔었는데 말이지, 어찌 어찌 하다 보니 분위기가 좋아졌는데 걔네 엄마가 들어오신 거야. 글쎄"

On your six

도주 차량을 쫓고 있는 경찰이 본부에 지원병력을 요청했는데 지금 어디쯤 오고 있는지 궁금해서 무전기로 물어봅니다.

What's your 20? (지금 위치는 어딘가?)

On your six

On your six란 무슨 의미일까요?

시계를 떠올려 보면 금방 이해가 갈 것입니다.

12시는 앞, 3시는 오른쪽 옆, 9시는 왼쪽 옆, 그렇다면 6은?

6시 방향 즉, '바로 뒤에'의 의미가 됩니다.

군대에서 위치를 확인할 때 이런 표현을 사용하지요.

커피숍에 친구와 마주 앉아 이런저런 이야기를 하고 있는데, 친구가 갑자기

10 o'clock 이라며 나지막이 이야기 합니다.

10시 방향에 멋진 사람이 나타났으니 한번 보라며 눈치를 주는 것입니다.

물론 방향은 듣는 사람의 시계 방향이 기준입니다.

2 Liar liar pants on fire!

세상 어디를 가든 개구쟁이 어린이들이 서로 놀리며 사용하는 표현이 있길 마
련입니다. 미국판 표현 몇 개를 소개합니다.

Liar liar pants on fire!

(거짓말쟁이 거짓말쟁이 바지에 불 붙었지롱!)

한글 번역으로는 맛이 살지 않지만 liar와 fire의 각운(rhyme)을 맞춘 리듬은

상당히 생동감 있고 기분 나쁘게(?) 들립니다.

원래 전체 문장은 다음과 같습니다.

You liar you liar your pants are on fire.

Your nose is as long as a telephone wire.

하지만 둘째 단락은 사람들이 자기가 원하는 대로 말을 만들어낸 수많은 변형 버전이 있어 이 놀림의 표현도 다양해졌습니다.

변형된 둘째 단락의 몇 가지 예들입니다.

Nose is long as a telephone wire

Your nose is bigger than a telephone wire

Put your nose on a telephone wire

Hanging from a telephone wire

사실 liar는 쓰지도 말고 듣는 일도 없기를 바라야 할 단어 중의 하나입니다. 아이들의 장난이 아니라면 liar 자체만으로도 모욕적인 표현이 될 수 있기 때문입니다.

다음 표현은 **Pull my finger**입니다.

시트콤 Friends에서 챈들러가, 그리고 CSI에서 워릭이 친구에게 손가락을 내밀며 이런 말을 합니다.

Pull my finger

뜬금없이 손가락은 왜 잡아 당기라고 할까요?

모처럼 쉬운 표현이라 기쁘게 알아듣고 손가락을 잡아 당겼다간…

익숙한 소리와 함께 방귀냄새를 맡게 됩니다.

이 또한 미국 아이들이 하는 장난이지요.

물론 Chandler처럼 다 큰 어른들이 이런 장난을 칠 때는 유치함 그 자체가 아닐 수 없습니다.

마지막으로 하나 더,

Girls rule boys drool

drool은 침을 흘리다 란 뜻입니다. 그렇다면 '여자는 통치하고, 남자는 침 흘린다'라는 직역이 되지요. 즉, 여자가 최고야 라는 뜻입니다. rule과 drool의 rhyme이 재미있습니다.

미드 Modern Family 시즌2 에피소드 18편에 보면 Phil의 가족이 야구를 하는 장면이 나옵니다. Phil이 던진 공을 Clare가 헛스윙하자 막내아들인 Luke가 말을 약간 바꾸어 이렇게 말을 하지요.

Boys rule girls drool

3 pop the question

미국 드라마에 종종 나오는 로맨틱한 장면이라고 하면, 남자가 여자에게 청혼하는 장면을 빼놓을 수 없겠지요.

한쪽 무릎을 꿇고 반지를 내밀면서 Will you marry me? 하고 질문을 하는 것.

보는 사람들도 은근히 설레는 마음으로 답변을 기다리게 되는 장면입니다.

이때 will you marry me?에 해당하는 question은 일생일대의 특별한 실문이기 때문에 정관사가 붙어서 the question이 됩니다.

그리고 단순히 물어보는 ask a question 수준이 아니라 나와 결혼해 줄 수 있느냐는 폭탄 같은 질문이기 때문에 pop 동사를 사용하여 그 느낌을 살리고 있습니다. pop은 동사로는 '빵 하고 소리가 나다' 혹은 '터뜨리다'의 의미이니만큼, 이러한 질문에는 대단히 적절한 동사가 아닌가 생각됩니다.

깜짝 놀랄 질문을 빵! 하고 터뜨리는 것

pop the question

즉, propose(구혼하다)의 의미입니다.

Jill: What makes you so happy? (뭐가 그리 좋아?)

Susie: Jack popped the question to me last night. (잭이 어젯밤 내게 청혼했어)

4 Stat!

미국에서 최고의 시청률을 자랑하며 사랑 받고 있는 닥터 하우스. 명의로 소문난 만큼이나 괴팍한 성질과 독불장군으로 유명한 하우스 박사.

동료 의사인 캐머런에게 어떤 일을 빨리(rush) 하라고 지시했는데 즉시 행동에 옮기지 않고 자꾸 미적대기만 하자, 하우스 박사는 이렇게 말합니다.

When I said rush, I meant, you know, fast. Stat is the word you doctors use right?

(내가 빨리 라고 말했을 땐 자네도 알다시피 서두르라는 뜻이라네. 이럴 때

의사들은 Stat 이란 말을 쓴다지? 그래?)

여기서 나온 Stat 이란 표현은 '급히, 서둘러!' 라는 뜻으로 병원에서 특히 많이 사용되는 용어입니다.

immediately(즉시)라는 의미를 가진 라틴어 statim에서 어원을 찾을 수 있습니다.

asap (as soon as possible), right away, without delay와 같은 뜻으로 볼 수 있습니다.

알아두면 강해지는 스피킹 Tips

영어를 잘하는 것도 중요하지만 잘 아는 것도 중요합니다. 영어를 잘 안다는 것, 예를 들어 지금 당장 발음이 좋지는 않아도 좋은 발음을 내기 위하여 필요한 방법들을 알고 있다거나, Reading과 listening에 강해지기 위해서는 또 어떤 방법으로 공부해야 하는지에 대한 다양한 학습법, 그 외 영어와 관련한 여러 가지 지식과 정보를 가지고 있다는 것을 의미합니다.

무엇이든 대상에 대하여 잘 알게 되면 막연한 두려움은 사라지게 되어 있습니다. 영어를 잘 알기 위해서는 영어와 관련된 다양하고 재미있는 이야기들에 대해 항상 관심을 가지고 열심히 찾아 읽어야 합니다.

마찬가지로 여러 가지 speaking tip들을 많이 알아두면 회화 실력이 강해지는 데 많은 도움이 될 수 있습니다.

요긴하게 사용할 수 있는 tip들을 몇 가지 알아봅니다.

5 영어로 웃기는 방법 Pun

필자의 친구 중에 말장난의 대가가 한 명 있습니다.

워낙 말재간이 뛰어나기 때문에 그 친구와의 대화는 항상 유쾌합니다. 어느 날 함께 닭갈비 집을 갔었는데 어찌나 장사가 잘 되는지 가게 안은 손님들로 미어터져 나갈 지경이었지요

그 친구에게 물었습니다. "와…여기 하루에 얼마나 벌까?"

그 친구 왈 "닥치는 대로"

그렇습니다. 닭과 닥의 절묘한 오버랩. 이것을 바로 pun이라 합니다.

pun의 의미를 Collins 사전에서 찾아보면 이렇게 설명되어 있습니다.

A pun is a clever and amusing use of a word or phrase with two meanings, or of words with the same sound but different meanings.

즉, 동음 이의어를 이용한 말장난이란 뜻이지요. 이해를 돕기 위해 다른 예문을 하나 들어 보겠습니다.

Dreamers often lie

이 문장은

'꿈꾸는 자는 자주 거짓을 이야기한다' 즉, '헛된 꿈을 꾸는 몽상가들은 자주 거짓말을 한다'라는 의미이지만,

'몽상가들은 자주 침대에 드러눕지'

이런 해석도 가능합니다.

lie가 거짓말을 하다, 눕다 라는 뜻을 모두 가지고 있기 때문이지요.

예문 하나 더

A bicycle can't stand on its own (자전거는 혼자 세워두진 못해)

Why? (왜?)

because it is two-tired. (왜냐면 바퀴가 두 개거든)

위의 대화도 two-tired가 too tired와 발음이 같기 때문에 '자전거가 너무 피곤해서 혼자 못 서 있는다'라는 말장난, 즉 pun이 되는 것입니다.

pun을 이처럼 적절히 자연스럽게 구사할 수 있다면 주위 사람들로부터 funny한 사람으로 인정받으며 많은 호감을 살 수 있겠지요. 하지만, 경망스럽게 자꾸 재미도 없는 pun만 날리게 되면 친구로부터 다음과 같은 핀잔을 듣게 됩니다.

I don't wanna pun around with you.

(너랑 말장난할 시간 없거든)

6 영어 숫자에 강해지는 방법

영어로 대화할 때 우리나라 사람이 취약한 부분 중의 하나!

바로 숫자입니다.

Three hundred fifty two⋯어쩌고 하다가 중간에 갑자기 thousand⋯가 나와버리면 급 당황하게 됩니다.

모든 숫자가 단음절로 끝나는 한국어에 익숙한 우리 귀에는 영어가 좀 더 복잡하게 느껴질 수밖에 없지요.

숫자를 세는 음절만 세어보아도 영어는 우리말보다 우선 깁니다.
(단순 비교를 위해 영어발음을 한글로 표기합니다)

일 이 삼 사 오 육 칠 팔 구 십 ➡ 짧다
원 투 쓰리 포 파이브 식스 세븐 에잇 나인 텐 ➡ 길다

물론 10까지 세는 정도의 단순 비교로는 의미 있는 차이가 느껴지지 않겠지만 다음의 예라면 확연한 차이를 알 수 있을 것입니다.

3,823,957

삼백팔십이만 삼천구백오십칠
쓰리밀리언에잇헌드레드트웨니쓰리싸우즌드나인헌드레드핍티세븐

우리말이 자랑스러운 순간입니다.

물론 실제 원어민의 발음으로는 위에서 보듯 두 배의 시간이 걸리지는 않지만, 하여간 이런 영어 카운트에 익숙해지기 위해서는 평소에 연습을 많이 해두는 수밖에 없습니다.

그러기 위해서는 어떻게 해야 할까요?
숫자 받아쓰기도 효과가 좋지만 무엇보다 숫자가 번역을 통하지 않고 듣는 순간 숫자의 이미지가 머릿속에 즉시 형상화 될 수 있도록 평소에 생활화하는 방법이 아주 효과적입니다.

이를 테면,

지하철 계단을 올라갈 때 한 계단 한 계단 영어로 숫자를 세며 빠른 걸음으로 올라가는 것입니다.

내려올 땐 50혹은 100부터 거꾸로 셉니다.

자칫 스텝이 꼬일 수 있으니 안전사고 유의하시고요.

익숙해지면 홀수, 짝수로 세어보기도 하고 배수로 세는 방법에도 도전해 보시기 바랍니다.

그리고, 잠이 오지 않을 때 미국 애들처럼 양의 숫자를 영어로 세어본다거나 혹은, 숫자 셀 일이 있을 때는 무조건 영어로 셈을 하는 것입니다. 단, 돈을 셀 땐 각별히 신중해야 하겠지요.

결론적으로 영어 수셈의 생활화가 가장 중요합니다.

7 영어 숫자 쉽게 세는 방법

그렇다면 간편하게 숫자를 읽을 수 있는 방법은 없을까요? 사실 미국인들도 thousand처럼 복잡한 발음은 웬만하면 피하려고 합니다. 게다가 우리나라 화폐 단위와 달리 일상 생활에 있어서 만, 십만 단위를 사용하는 것도 아니기 때문에 thousand를 사용할 일이 우리처럼 많지도 않습니다.

그리고 $5,000처럼 thousand에서 딱 떨어지는 단위에조차 grand를 속어로 많이 사용하고 있고 심지어 그것조차 간단히 G라고 발음하기도 합니다.

5,000 dollar ➡ 5 grand

또는 그냥 간단하게 5G 라고도 합니다. (파이브 쥐)

그리고 세자리 이상의 숫자는 두 자리씩 끊어 읽는 것으로 간단하게 말합니다.

이를 테면,

2,300 twenty three hundred

5,000 fifty hundred

2011 twenty eleven

505 five oh five

대부분의 수셈이나 연도는 위의 방법을 사용하기 때문에 참고로 알아두면 아주 편리하게 사용할 수 있습니다.

하지만, 앞서 나왔던 3,823,957처럼 복잡한 숫자는 어쩔 수 없이 million, thousand를 모두 넣어서 말합니다. 달리 방법이 없지요.

8 완곡하게 말하는 습관을 기르자.

진실게임을 해 본적 있나요?

혹시 기회가 있다면 영어로 한 번 해 보시기 바랍니다. 정말로 친구의 진실한 이야기를 듣게 된다고 합니다.

아마도 속 깊은 감정을 드러내지 않으며 적당히 둘러대기엔 영어 실력이 좀 부족한 이유 때문이겠지요. 그렇다 보니 그냥 있는 그대로 직설적인 단문이

나올 수 밖에 없습니다. 누군가 느닷없이 Do you love him? 이라고 물어오면, 내 대답은 그렇다 혹은 아니다 둘 중 하나일 수밖에 없다는 것이죠.

스스로도 갈팡질팡하며 아직 채 결론짓지 않은 내 감정의 세세한 부분까지 반영해서 영어로 설명하기란 결코 쉬운 일은 아닙니다.
그래도 영어회화가 어느 정도 되는 분들은 이처럼 내 감정 뿐만 아니라 타인의 감정까지 배려하는 '완곡어법'을 구사할 수 있도록 노력해 보시길 바랍니다.

예를 들어, 다음과 같은 심한 말은 어떻게 표현해야 좋을까요?
너는 세상에서 제일 꼴 보기 싫은 사람이야!

You are the worst man in the world. I don't wanna see your ugly face again!

위 표현으로는 뜻이야 잘 전달되겠지만, 나의 인격 수준도 떨어져 보일 수 있으니 주의해야 합니다.

누군가를 욕하는 것이라 하더라도 문화인으로서의 품격에 맞게끔 조금은 다듬어서 표현하는 것이 아무래도 좋겠지요.

You're the last one I wanna see in the world

같은 의미라도 이렇게 표현하는 것이 좀 더 낫습니다.
이를 두고 사실 격조 있는 표현이라고 하기엔 다소 억지스럽기는 하지만 미국에서는 정말 싫은 것을 이야기할 때 이처럼 the last를 사용하는 표현이 다분히 일상화 되어 있습니다.

문장에서 보듯 the worst 같은 극단적인 표현이나, don't wanna 같은 부정구문이 같은 의미를 가지면서도 각각 the last, wanna와 같이 평범하고 긍정적인 표현으로 바뀌었습니다.

완곡어법(euphemism)은 쉽게 말해 싫고 나쁜 것을 가급적 부드럽게 표현하는 것으로 최대한 부정적인 표현을 삼가는 데 그 목적이 있습니다. 그리고 타인의 감정을 상하지 않게 배려하는 좋은 언어 습관이라 할 수 있습니다.

이런 표현의 연습은 사물과 상황을 좀 더 냉정하고 깊이 있는 시각으로 관찰할 수 있는 자세를 요구하기 때문에 장기적으로 고급영어 구사에도 큰 도움이 됩니다.

완곡어법의 예를 좀 더 들어 볼까요?
die는 pass away (죽다 ➡ 돌아가시다)
He passed away from lung cancer

생리현상은 number 1, number 2로 재미있게 표현합니다.
I have to go number 1은 소변이 마렵다는 뜻이랍니다.
그럼 number 2는? 충분히 짐작하리라 생각합니다.

9 You know를 남용하지 말자.

이야기할 때 단어가 빨리 떠오르지 않거나, 끊김 없이 이야기하고 싶은 이유로 말 중간 중간에 사용하는 것을 필러(filler)라고 합니다.

이를 cliché 라고 말하는 사람도 있는데 사실 cliché는 진부한 표현, 혹은 상투적인 문구를 포함하는 보다 광범위한 의미의 단어입니다.

filler에는 여러 가지가 있지요. 아무튼 그런 군더더기 없이 유창하게 물 흐르듯 말 할 수 있다면야 얼마나 좋을까 싶지만, 좀 더 편안한 스피킹을 위하여 원어민들도 여러 가지 filler들을 많이 사용하고 있습니다.

우리나라 사람들이 사용하는 영어에 있어서 가장 대표적인 filler는 바로, you know라 할 수 있지요.

하지만, 이 you know만큼은 가급적 안 쓰는 것이 좋습니다.

원어민들도 말머리에 you know를 짧게 쓰는 걸로 시작하는 경우가 많은데, 우리가 그걸 굳이 부자연스럽게 흉내를 낼 필요는 없습니다.

한국 사람들의 you know 사랑은 지나친 편이죠.

미국에서 오래 살다 왔다는 유명한 어떤 래퍼가 아리랑TV 토크쇼에 나와 영어로 인터뷰하는 것을 본 적이 있는데, 어찌나 you know를 시도 때도 없이 사용하는지 말의 절반이 you know로만 채워진 느낌이었습니다. 듣는 사람이 뭘 그렇게 많이 알고 있어야 하는지 듣기에 너무나 거북할 정도이더군요.

인터뷰 내용도 지루했고 하여간 보는 내내 힘들었던 기억이 있는데요 아무튼 지금에 와서 생각해 봐도 기억에 남는 건 안타깝게도 you know 밖엔 없습니다. 그 외에 또 많이 사용되는 다른 filler들을 살펴 보자면,

well, actually, like, sort of, kind of, I mean, literally, basically 등을 들 수

있습니다.

여기서 actually 같은 filler는 어떤 질문에 대해서 갑자기 답변하기 힘들 때 많이 사용되고 있습니다. 이를테면,
Actually I ah, 우선 이렇게 말문을 열어놓고는, 그 잠깐의 공백을 이용하여 다음 말을 생각하면서 계속 말을 이어 나가는 것이죠.

적절하게만 사용한다면, 대화 공백의 어색함을 피할 수 있고 보다 편한 느낌으로 이야기를 풀어 나갈 수 있습니다.

하지만 영어에 익숙하지 않은 사람들은 단문으로 밖에 말을 못하는 사실이 창피해서 억지로 filler를 집어넣어 말을 좀더 길게 늘리려 한다거나, 일부러 그런 말들을 배워가면서까지 사용하지 않도록 해야 합니다. 제대로 된 유의미한 문장이라면 오히려 짧을수록 훌륭한 영어임을 인식하고 간단명료하게 말하는 연습에 매진해야 합니다.
filler의 남용은 금물이랍니다.

0 Hobby는 취미가 아니다

우리나라에서는 면접을 보러 가면 꼭 취미를 물어봅니다.
심지어 이력서 양식에 취미를 적어내는 칸이 마련되어 있는 경우도 있지요.
프라이버시를 대단히 중요시하는 서구인의 시각에서 본다면 다소 의아해 할 수 있는 부분입니다. 회사에 취직해서 일을 하겠다는데 내 취미가 왜 궁금할

까? 하고 생각하는 것이지요. 대화 중에 자연스럽게 물어보는 것은 상관없지만 마치 의무적으로 기입해야 할 사항처럼 존재하는 취미란은 아마 이해하기 어려울 것입니다.

사실 내 취미가 당락의 결정 요소가 아니지만 취미라는 소재를 통해서 나의 성향을 유추하고 면접 때 화제거리로 사용하는 용도임을 우리는 알고 있습니다.
그러다 보니 간혹 진짜 취미보다는 좀 더 고상하고 심지어 해 보지도 않은 활동을 써 내는 경우까지 있지요.

하지만 예나 지금이나 우리나라 사람들의 이력서 취미란에 가장 많이 적혀있는 것은 독서, 음악감상, 영화보기, 컴퓨터 서핑, 게임, 등산 같은 것들입니다.

문제는 여기서부터입니다.
한국어 면접에서 '취미'를 물었을 때는 위의 대답들이 상관없지만, 영어 면접에서는 좀 달라집니다.
특히나 원어민 면접자가 나의 'hobby'를 물어 보았을 때,

"My hobbies are reading, listening to music, watching movies, chatting with my friends…" 라고 했다간 무안을 당할 수도 있습니다. 위에 나열한 것들 중 hobby에 속하는 것은 좀 심하게 말해서 단 한가지도 없기 때문입니다.

hobby라는 것은 그래도 최소한의 전문성을 가지고 지속적인 활동을 요구하는 특별한 활동 쪽에 가깝습니다.
이를 테면, 요가, 낚시, 조기축구, 붓글씨, 암벽등반, 봉사활동, 속독, 악기연

주 등등이 여기에 속하는 것이지요.

그리고, 등산은 '취미'가 될 수 있지만 청계산 등산을 'climbing'이라고 하기엔 좀 무리입니다. 우리는 청계산만 올라도 등산이지만 영어로는 겨울 북한산 빙벽 정도는 정기적으로 올라야 등산이 되고 취미가 될 수 있습니다. 영어에서는 낮은 산을 오르는 것은 등산(climbing)이 아니라 하이킹(hiking)으로 표현합니다.

hobby의 의미와 우리가 말하는 '취미'는 이렇게 차이가 있습니다. 우리가 말하는 의미의 취미를 표현하고자 한다면 pastime이라는 단어를 사용하는 편이 더 안전합니다.

상대방의 '취미'가 궁금하다면

Do you have a favorite pastime? 또는

What do you do in your spare time? 으로 표현합니다.

사실 한국어 면접의 경우에도 취미를 물어봤을 때 피 면접자의 대답이 독서나 음악감상, 인터넷 서핑이라고 대답하면 특별한 인상을 줄 수 없습니다. 면접의 궁극적인 목적은 나 자신의 특별함을 보여주는 자리니까요.

11 '수고하셨어요'는 영어로 뭐지?

우리말에는 있지만 영어엔 없는 표현이 한둘이 아니죠. 그 반대도 마찬가지입니다.

하지만 꼭 있을 것 같은데 아무리 찾아봐도 없는 표현, 그런 것들이 골치를 아프게 합니다. 대표적으로 '수고 하셨어요' 같은 표현을 들 수 있겠습니다.

결론부터 이야기 하자면, 영어에는 우리말의 '수고하셨어요'에 해당하는 딱 맞는 표현이 없다고 봅니다.

예를 들면, 축구 경기에서 전반전을 열심히 뛰고 들어 온 선수에게 하는 말인 you did a good job 같은 표현이나, 하루 종일 고생한 가사도우미에게 봉투와 함께 건네는 Thank you for your trouble 등등의 표현을 통하여 영어에도 이에 해당하는 표현이 있지 않나 하고 짐작할 수 있겠지만, 보다 엄밀한 의미에서 보자면 그러한 표현도 사실 우리의 정서에 비추어 볼 때 결코 같다고는 볼 수 없습니다. 우리처럼 상대방의 수고에 대한 감사한 마음과 칭송이 깃든 어감, 심지어 약간 미안하거나 안쓰러운 마음까지 함께 담은 그런 표현과는 분명히 차이가 있기 때문입니다.

일반적으로 우리나라 사람들은 하루 종일 고생하는 경찰관 아저씨에게, 궂은 일 묵묵히 해 주신 가사 도우미 아주머니에게, 물건을 봉투에 담아주는 편의점 총각에게, 우리 딸 진료를 봐준 의사에게, 5층까지 걸어 올라와 배달해 준 택배아저씨에게, 고마움을 담아 '수고하셨습니다' 혹은 '수고하세요' 하면서 자연스럽게 인사를 건넵니다.

하지만 미국인의 관점에서 보자면 경찰관, 도우미, 점원, 의사, 택배원 모두 자기 할 일을 한 사람들이기 때문에 다른 사람이 고마워 할 이유도 없을 뿐더러 미안해 하는 마음까지 담은 고맙다는 인사가 심지어 넌센스로 느껴질 수도 있습니다. 그러니 우리 말처럼 억지로 '수고 많으셨습니다'에 해당하는 말을 찾으려 애 쓸 필요는 없습니다.

그 상황에서는 단지 적절한 영어 인사를 하는 편이 훨씬 자연스럽습니다. 예를 들어, 열심히 일하고 있는 동료에게 How's everything? 이라고 인사만 해도 기쁘게 받아들일 것입니다.

그리고, 편의점 총각, 의사선생님, 택배 아저씨에게도 그냥 Thank you 하고 미소와 함께 인사를 건네는 편이 더욱 자연스러워 보입니다.

아하 그렇구나!

42 미국사람들이 싫어하는
영어표현 다섯 가지

미국인들이 싫어하는 대표적인 표현 5가지가 있습니다. 과연 어떤 것들이 있는지 한번 살펴 볼까요? 욕설을 제외하고 듣기에 거슬리는 대표적인 표현 중의 하나는

바로 Whatever입니다.

우리 말로 굳이 번역하자면, "뭐 그러시든지" "좋을 대로 하세요" 대강 이런 뉘앙스의 표현입니다.

자식이 부모에게 버릇없이 사용하는 대표적인 말이기도 하구요.

'Take whatever you want'에서의 whatever라면 이야기가 달라지겠지만 이 단어가 상대방의 이야기에 대한 대답으로, 특히 단독으로 쓰인다면 썩 듣기 좋은 느낌이 아니기 때문에 특별하게 할 말이 없다고 해서 이 단어를 남발하는 일은 없어야 하겠습니다.

다음으로, Like가 있습니다.

'~같은', 혹은 '이를테면'에 해당하는 전치사인데 본연의 전치사 기능을 넘어서 앞서 이야기한 filler로서 남용되는 경우가 많아 왠지 지저분하게 들리는 느낌이 들 수도 있습니다. 하지만 너무나 흔하게 사용되는 표현이기도 하지요.

그리고 You know what I mean?도 위의 두 표현 못지 않게 싫어하는 말 중의 하나입니다.

내 말 알겠지? 하면서 많이 쓰는 표현이지요. 하지만 말이 막힐 때마다, 심지어 말 끝마다 이 표현을 달고 사는 사람들이 있는데 계속 듣다 보면 충분히 질리고도 남을 표현입니다.

to tell you the truth 같은 표현도 대단히 식상해 하는 표현 중의 하나입니다. 우리말로도 '솔직히 말해서'라는 말이 입에 붙은 분들이 많죠. 희한하게 영어에서도 똑 같은 표현이 이처럼 환영 받지 못하고 있습니다. 이 표현을 남용하면 평소의 말에 있어서도 자칫 진실성이 떨어져 보일 수 있습니다.

마지막으로 actually를 들 수가 있는데요 사실 우리나라 사람들도 영어 좀 한다는 사람들이 즐겨 쓰는 표현 중의 하나입니다. 방금 제가 위에서 한 말처럼 '사실 '우리나라 사람도'에서와 같이 '사실'이라는 표현을 통하여 끊임없이 주의환기를 시도하는 것에 듣는 사람들은 지쳐 합니다.

13 사람을 만나는 것에도 종류가 있다.

Where are you going? (어디 가?)

_____(A)_____ (응 약속이 있어.)

흔히 사용하는 대화문입니다.

(A) 에 들어갈 수 있는 대답으로 여러 가지 상황을 상상하면서 마음 속으로 한 번 영작을 해 보시기 바랍니다.

우선 친구를 만나러 가는 길이라면 I'm going to see my friend. 라고 하면 되겠지요. 물론 my friend 부분에 이름을 넣는 것이 좋습니다. 사업상 미팅이라면 말 그대로 I have a meeting today. 애인을 만나러 가는 길에는 I have a date 라고 하면 됩니다. 또, 의사, 변호사, 세무사 등 어떤 전문직 종사자를 만나야 하는 경우엔 I have an appointment 라는 표현을 주로 사용합니다. 그렇기 때문에 친한 친구나 가족을 만나는 일상의 만남에 appointment를 사용하면 어색한 표현이 되니 알아 두시기 바랍니다.

그리고 '약속'을 그대로 번역해서 I have a promise 라고 말하는 경우를 가끔 보게 됩니다. promise는 약속의 뜻이긴 하지만 사람들간에 만나는 약속 자체를 지칭하는 단어는 아닙니다. 그 사람과의 만남을 반드시 지키겠다는 '다짐'이 바로 promise입니다. 이를 테면,

I promised to see a doctor at six.

(나는 오후 6시에 진찰을 받기로 약속했다)

위의 경우에도 이 문장을 I have an appointment at six 로 바꿀 순 있어도

I have a promise at six 는 아니라는 말입니다.

덧붙여,

친구가 내일 어딜 같이 가자고 하는데 마침 다른 선약이 있습니다. 이럴 땐 또 어떻게 말할까요?

I'm sorry, I have plans tomorrow.

(미안해, 다른 약속 있어)

만남의 종류에 따라 사용하는 표현도 참 다양하지요?

4 슬랭은 잘 써봐야 본전

서점에 가 보면 길거리 영어니 비속어 사전이니 해서 slang에 관한 책들이 상당히 많은데요 그렇다면 slang을 별도로 공부를 해야 하는 것일까요?

뻔한 대답일 수는 있겠지만 '알아두긴 해도 쓰지는 말자'입니다.

비속어, 욕설, 유행어, 관용표현, broken English 모두 실제 생활에서 무수히 많이 사용되는 생활 영어입니다.

CNN 뉴스만 보아서는 그런 종류의 표현을 몰라도 될 것 같지만, 미국 영화나 드라마를 제대로 이해하기 위해서이거나, 미국에서 원어민들과 부딪히며 생활인으로 살아가기 위해서는 위 표현들도 알아둬야 할 것들입니다. 나에게 직접 하는 말 외에 자기네들끼리 무슨 말을 하는 지도 알아야죠.

하지만, 슬랭을 잘 사용하기란 결코 쉽지 않은 경지입니다. 어설프게 사용하다가 자칫 가벼운 사람으로 여겨질 수 있습니다.

그냥 알아 듣기만 해도 되고, 애매한 상황에서 애써 사용할 필요는 없다고 생각합니다. 그리고 굳이 따로 익힐 필요 없습니다. 최신판 드라마를 통해 항상 감을 익혀두는 것만으로 충분합니다.

15 영어회화 초급, 중급을 벗어나지 못하는 이유 1

영어로 스피킹을 할 때 우리의 뇌속 언어중추는 일차적으로 한국어를 영어로 바꾸는 번역 작업을 수행하게 됩니다.

그 과정의 시간이 얼마나 오래 걸리냐에 따라 초급인지, 고수인지 실력이 가늠된다고 볼 수 있지요. 만일, 위 기준에서 고급을 정의한다면 아주 짧은 시간 내에 상황에 맞는 영어식 표현이 이미 저장해둔 기억 속의 데이터베이스를 통하여 신속하게 호출된 후 거의 동시에 입으로 전달되는 단계라 할 수 있겠습니다. 그리고, 위 번역의 과정을 거치지 않고 영어로 생각을 하고 말하는 단계라면 거의 원어민 수준이라고 볼 수 있습니다. 영어의 완성 단계이지요.

자, 문제는 중급을 넘지 못하고 초,중급 언저리에서 하염없이 헤매고 있는 단계입니다. 이 단계를 벗어나지 못하는 이유야 여러 가지가 있겠지만, 혐의가 짙은 원인들은 하루속히 찾아내어 하나씩 제거해 나가야 합니다. 그래야 한시라도 빨리 고급수준에 도달할 수 있으니까요. 그런 의미에서 초급, 중급자들이 그 단계를 벗어나지 못하는 원인에 대해 알아봅니다.

우선, 단어의 1차적 의미에 얽매이기 때문입니다.

모든 언어가 외국어와 1대1로 정확하게 대응될 수는 없습니다.

친구라는 단어조차 friend와 결코 똑 같은 뜻이 아닙니다.

그러다 보니 어색한 표현과 콩글리시가 결국 나올수 밖에 없게 됩니다.

참고로 다음은 미국회사에서 근무를 하고 있는 어느 부부의 이야기입니다. 콩글리시에 얽힌 농담이긴 하지만 위에 내린 정의에 부연 설명이 되는 바가 있습니다.

어떤 아내가 남편 사무실로 전화를 했더니 미국인 여자 직원이 받았습니다.

"Hello?"

이때, 초급 단계에서는 여러 가지 단어들이 머리 속에서 깜박거리기 시작합니다.

'저희 남편 좀 바꿔 주실래요?'

이 말을 영어로 해야 할 텐데 말이죠. 이때 아내의 머리 속은 다음과 같이 한글과 영어가 서로 짝짓기를 하느라 분주합니다.

저희, 우리 = our / 남편 = husband, honey / 좀 = little, some, please /
바꾸다 = change, exchange / 주실래요? = give me?

자, 이 같은 조합을 어찌 해야 할까요? 그래도 이 정도 나열이 된다면 좋은 신호입니다. 어찌됐건 문장을 만들 수 있는 단어들은 생각해 낼 수 있었으니까요.

아무튼 그렇게 조합해서 만들어 낸 문장이,

Can you change my husband? (제 남편 바꿔 주실 수 있나요?)

한국어로서야 충분히 통하고 남을 표현이지만, 위 영어로는 혼란스러운 표현이 아닐 수 없습니다.

수화기 너머의 미국인이 그랬다지요.
How can I change your husband?

그렇습니다. 무슨 권리로 남의 남편을 바꿔놓을 수 있을까요.
결국 한영사전에 대한 과잉의존과 번역된 한글단어에 대한 한국어식 사고의 틀을 벗어나지 못한 탓입니다.

사전이란 것은 어쩔 수 없이 양국의 단어를 최소한1:1로 매칭할 수밖에 없긴 하지만, 그 보완책으로 여러 가지 예문들을 함께 제시하고 있습니다. 그 예문과 함께 단어를 이해하고 암기한다면 영어식 표현에 대한 내공이 많이 생기게 됩니다. 물론 영영사전을 항상 애용하는 습관을 기른다면 더욱 좋습니다. 모든 영어 멘토들이 영영사전을 권하는 이유는 다 그만한 이유가 있기 때문이니까요.

하여튼 문제는 우리 머리 속에 있는 단어장들이 아직도 한글과 영어를 1:1 대응하는 데 익숙해 있다는 것입니다.

'바꾸다'라는 표현이 달리 뭐가 있겠냐는 안일한 믿음 때문이지요.

여기서 '바꾸다'는 change의 개념이 아니라 speak to 아무개 라는 본론으로 황급히 개념 이동을 하면서 오히려 해체되는 대상이 되어야 합니다.

통화의 목적인 speak to를 우선시 했다면

Can I speak to Mr. Kim, please? 라는 제대로 된 표현을 어렵지 않게 만들어 낼 수 있었을 것입니다.

그렇기 때문에 change 처럼 한글 단어에 얽매인 영단어의 오용으로 의미전달이 되지 않는 문제점을 해결해야겠지요.

이를 해결하기 위해서는,

첫째, 한글 단어보다는 말하고자 하는 행동 자체의 의미를 항상 먼저 생각해야 합니다. 즉, 내 남편과 통화를 하고 싶다는 행동의 본질적인 목적을 떠올려야 한다는 것입니다. 한국어로 말할 때의 언어 예법이나 군더더기 상투어는 최대한 배제하고 본론에 충실하도록 합니다.

이 정도만으로도 I want to speak to my husband 정도는 그냥 떠오르게 됩니다.

둘째, 기초회화를 위한 간단한 표현들이나 관용구들은 혀와 입술의 근육에 기억될 때까지 통 문장으로 외우도록 해야 합니다.

초급,중급의 진정한 의미는 자신의 단계 회화는 충분히 할 수 있는 수준을 말하는 것입니다. 초급자라도 기초회화는 마치 고급자처럼 반사적으로 터져 나와야 합니다. 고급자의 문장은 이미 외워둔 문장에 단어 하나 살짝 올려두었을 뿐입니다.

혀와 입술의 근육에 기억시켜야 한다는 말에 혹자는 어불성설이라고 주장하기도 합니다. 기억이라는 것은 뇌의 고유한 기능이라는 것이지요. 하지만 소위 말하는 근육기억(muscle memory)의 탁월한 기능은 해부학적 설명을 떠나 스피킹 능력을 향상시키는 데 확실히 도움이 됩니다.

아무리 혀가 꼬이고 힘든 발음이나 까다로운 문장도 혀와 입술의 근육에 기억이 될 때까지 많은 반복 연습을 하게 되면 이미 그 표현들은 유사시에 반사적으로 튀어나올 준비를 하고 있다고 봐도 좋습니다. 눈을 통하여 뇌 속에만 저장했다면 막상 말하고자 할 때는 헤매기 마련입니다.

6 영어회화 초급, 중급을 벗어나지 못하는 이유 2

영어실력이 초,중급을 좀처럼 벗어나지 못하는 또 다른 이유는 영어식 어순을 한국어 어순에 굳이 끼어 맞추려 하기 때문입니다.

언어란 사고가 말로 표현되는 것이기 때문에 한국어가 모국어인 이상 영어식 사고는 무척 힘든 일임에 분명합니다.

그래서 의식적인 노력을 부단히 하지 않으면 영어식 어순에 맞는 사고를 하기란 무척 힘들고 어려운 일이 될 수밖에 없습니다.

의식적인 노력이란, 영어식 표현에 최대한 지속적으로 노출될 수 있도록 환경을 마련해야 하는 것과, 이를 통하여 영어식 어순에 입각한 순차순해 (Sequential Comprehension)가 될 수 있도록 해야 한다는 것입니다. 영어는 우리말과 어순이 반대여서 아무리 긴 문장이라도 뒤에서부터 해석해 오면 의미를 이해하는 데 지장이 없다고들 이야기합니다. 물론 완전히 틀린 말은 아니지만 그렇게 습관이 들었다가는 앞으로 아무리 노력해도 중급을 벗어나지 못하고 외국인과의 대화 중에도 끊임없이 번역의 중간 과정을 거칠 수밖에 없게 됩니다.

영어는 말과 글을 **순서대로 받아들이고 이해**해야 합니다.

번역서를 내거나 하는 게 아니라면 뒤에서부터 거슬러 해석해 오는 습관을 반드시 버려야 합니다. 반사적으로 말을 주고 받으며 유창한 대화를 하기 위해선 직청직해가 되어야 하듯, 글을 읽을 때 늘 앞에서부터 순서대로 이해해 나가는 것, 비록 우리말로는 어색하더라도 그런 순차순해 연습은 반드시 필요합니다.

자신의 수준에 맞는 원서를 선택하여 글자가 쓰여진 순서대로 해석하며 읽어 나가는 연습을 통해 순차순해는 충분히 이루어질 수 있습니다.

우리말은 끝까지 들어봐야 안다라는 말이 있지만 영어는 중요한 말이 먼저 나옵니다. 뒤에 나오는 말들은 부수적인 나열인 경우가 다반사입니다. 일단 익숙해지면 리딩 속도가 엄청나게 빨라집니다. 영어로 듣고 말하는 것에도 자신이 생깁니다.

드디어 영어가 자연스러운 말로 느껴지는 순간이 오는 것입니다

그리고 우리 말에는 없는 전치사와 영어에서 가장 많이 발달한 **동사에 대한 감각**을 계속해서 함께 깨우쳐 나가야 합니다.

우선 다음 문장을 영어로 번역해 보시기 바랍니다.

너한테 그 모자 잘 어울린다.

우선 영어식 표현에 익숙하지 않은 분들이라면

That cap is matching good with you

이처럼 번역할 가능성이 높습니다.

하지만, 원어민들은,

You look nice in that cap

또는 That cap suits you well 이렇게 표현할 것입니다.

읽어서는 충분히 이해가 가지만, 그렇게 영작을 하지 못한 이유는 전치사 in 에 포함되어 있는 착용의 의미를 떠 올리지 못했고, suit 이라는 적절한 동사에 대해 생각이 미치지 못한 탓입니다.

예문 하나 더,

그는 멋지게 살다 갔다.

'살다'가 나왔으니 Live라는 동사를 사용하고 동사를 수식하는 것은 또 부사이기 때문에 '멋지게'에 해당하는 단어가 부사일 것임을 기본적으로 예측하게 됩니다.

하지만 그런 고정관념으로는 He lived a wonderful life 같은 문장을 쉽게 만들어 내지 못합니다.

대부분 He had lived wonderfully. 로 번역할 공산이 클 것입니다.

이처럼 어색한 문장을 벗어나 고급으로 가기 위해선 영어식 표현에 익숙해져야만 합니다. 그러기 위해선 최대한 관용 표현을 소리 내어 익히는 수밖에 없습니다. **매일매일 많은 문장을 통해서 영어식 표현에 지속적으로 노출이 되어야 합니다.**

우리나라에 없는 전치사와 우리말의 동사보다 훨씬 더 세분화되어 있는 영어 동사, 그리고 외우지 않고서는 이해할 길이 없는 관용표현에 대한 공부가 그래서 중요합니다.

7 영어회화 초급, 중급을 벗어나지 못하는 이유 3

단어와 숙어도 열심히 외웠고, 문법도 완벽하게 이해하고 있고, 하고 싶은 말은 무엇이든지 영어로 표현할 수 있을 만큼 영어실력이 자리를 잡았음에도 불구하고 아직도 미국 영화나 드라마를 자막 없이 보지 못하고 나의 영어를 원어민들이 잘 이해하지 못하는 경우가 너무나도 많습니다.

아니, 사실 수많은 중급 수준의 영어사용자들이 고급 실력자로 도약하지 못하고 이 언저리에서 맴돌고 있을 것입니다.

그 이유는 바로 영어의 리듬에 익숙하지 않아서입니다.

영어 스피킹과 리스닝에 있어 가장 중요한 요소를 꼽으라면 주저 없이 '리듬'을 이야기할 수 있습니다. 이 리듬을 알지 못하면 원어민도 나도 서로의 말을 제대로 이해할 수 없습니다.

우리보다 발음이 딱히 좋아 보이지 않는 아랍, 인도 사람들의 영어는 용케도 알아들으면서 또박또박 예쁘게 말하는 나의 영어를 미국친구가 못 알아 듣는 이유가 바로 여기에 있습니다.

차이를 알아 볼까요?

우리 말이 음절 단위로 나뉘어 지는 syllable-timed-language라면, 영어는 강세에 따라 나뉘어지는 stress-timed-language입니다.

예문 을 보가며,

나 는 학 생 입 니 다

위 문장은 7음절로 된 문장이며 모든 음절의 발음을 하나하나 발음하기 때문에 음절의 수가 많을수록 발음에 소요되는 시간은 그에 비례합니다.

1. I am glad to see you. (아 이 앰 글 래 드 투 씨 유)
2. Glad to see you. (글 래 드 투 씨 유)

하지만 영어의 경우 1번 문장을 한국어 발음으로 한자한자 읽을 때 9음절이고, 2번 문장은 6음절이어서 3음절의 차이가 남에도 불구하고 영어로 발음할 때는 시간 차이가 없습니다.

왜냐하면 1번 문장의 I와 am 은 문맥상 강세가 없어 거의 발음하지 않기 때문이지요.

영어는 강세를 어디에 두느냐에 따라 의미도 많이 달라집니다. 이것이 바로 리듬입니다.

좋은 발음이란 좋은 리듬입니다. 단어 자체의 발음보다 더 중요합니다.

그렇다면,

좋은 리듬을 구사하는 방법은 무엇일까요?

문장을 구성하는 단어들을 보자면 우선 **기능어**(function word)와 **내용어**(content word)로 나눌 수 있습니다.

의미전달에 빠져서는 안 될 단어가 바로 내용어인데, 대개 명사, 형용사, 동사, 부사, 의문사 등이 여기에 속합니다. 그 외의 단어는 기능어라 하고, 접속사, 전치사, 관사, 관계사, 인칭대명사, be 동사, 조동사 등이 여기에 속합니다. 내용어에는 강세가 붙지만, 기능어에는 특별한 경우가 아닌 한 거의 강세가 없습니다. 그렇기 때문에 원어민의 발음 속에 기능어는 잘 들리지 않습니다. 있으려니 생각하고 유추하면서 들어야 할 정도이지요.

한마디 한마디 또박또박 정확하게 발음 하는 것. 아이러니하게도 결코 좋은 습관만은 아닙니다. 내용어에 강세를 주면서 동시에 기능어는 물 흐르듯 발음하는 습관을 익혀야 합니다.

다시 한번 강조하지만 영어는 리듬입니다.

8 could가 can의 높임말인 이유

영어에 높임말이 있을까요?

엄밀하게 얘기하면 현대 영어에서 높임말 혹은 존대어는 없고 **공손한 표현이 있다**라고 보는 것이 맞습니다.

could의 예를 들어보면, 가까운 친구 사이에서도 could를 사용하는 경우가 있으니 could는 높임말이라기보단 공손한 표현이라고 봐야겠지요. 높임말이라고 생각하면 친구나 손아래 사람에겐 사용해선 안 되는 게 아닌가 하고 오해할 수 있으니 말이죠. 그런데 여기서 중요한 것은 존대어냐 아니냐가 아니라, 왜 could가 공손한 표현이 되느냐는 것입니다. 상식적으로 보면 단순히 can의 과거에 불과한데 말이죠.

Can you do me a favor? (도와 줄래?)

Could you do me a favor? (도와 주시겠습니까?)

위 같은 번역으로는 그 이유가 설명이 되지 않습니다. 그 이유를 알기 위해선 우선 시제(tense)에 대한 이해가 선행되어야 합니다.

왜 '시제'가 영어로 'Tense'일까요?

시제에 대한 올바른 이해는 너무도 중요하며, 바로 여기에 해답이 있습니다.

Tense를 사전에서 찾아보면 긴장한, 신경이 날카로운, 팽팽한, 그리고 '시제'로 나와있습니다.
그렇습니다. 시제란 반드시 '긴장'이라는 단어의 이해에서 출발해야 합니다.
현재란, 말 그대로 당장 눈앞에 닥친 일이니 당연히 긴장도는 가장 높습니다.
그리고 과거나 미래로 갈수록 아무래도 긴장도는 떨어지게 됩니다.

이같은 정의 아래,

Can you do me favor? 라는 질문은 지금 당장 도와줄 수 있는지 긴박하면서도 강경한 느낌의 질문이 되고,

Could you do me a favor?는 긴장도가 떨어지는 과거형(could)으로 물어 보았기 때문에 '안 도와 줄 수도 있겠지만…'이라는 한 풀 꺾인 기세로 물어보는 것입니다. 즉, 겸양의 표현이 되는 것이지요.

could 뿐만 아니라 현재형으로 쓰이는 과거형의 조동사 would, should, might 모두가 같은 이유입니다.

9 내용은 현재인데 왜 가정법 과거라고 할까?

문법 중에서도 까다롭게 느껴지는 것 중의 하나가 가정법이죠.

그래서 혹시나 틀릴까 봐 잘 사용하지 않는 경우가 있습니다.

알고 보면 가정법은 무척 간단합니다. 예문을 통해서 알아보도록 하겠습니다.

If I had enough time, I could help you.

(내가 지금 시간이 충분하다면 너를 도울 수 있을 텐데…)

이 말은 지금은 시간이 없어서 못 도와준다는 의미입니다. 그런데 주절의 시제를 보면 내가 지금 당장 시간이 없다는 현재의 상황을 나타내는 내용임에도 if 조건문에서 had라는 과거형이 사용되었습니다. 그래서 학창시절 이러한 가정법을 '가정법 과거'라고 무작정 배웠지요. 단지 동사가 과거이기 때문에 '가정법 과거'라고 하며, 내용은 현재사실에 반대되는 상황을 나타낸다 라고 말입니다. 이래서 영어보다 영문법이 더 어렵다는 말이 나오는 것 같습니다.

자, 이런 묻지마 문법을 벗어나야 하겠습니다.

가정법의 정확한 이해를 위해서는 역시 마찬가지로 '시제'에서 출발하면 됩니다.

바로 앞 페이지의 글(could가 can의 높임말인 이유)에서 설명했던 바와 마찬가지로 가정법 또한 '시제', 즉, 'tense(긴장)'의 의미로 다시 바라보면 쉽게 이해할 수 있습니다.

다시 예문으로 돌아가서,

If I have가 아닌 If I had를 사용한 이유는,

현재보다 훨씬 긴장도가 떨어지는 과거형을 사용함으로써 '현실'은 '비현실'의 범주에 더욱 가까워지면서, 표현 자체는 겸양의 속뜻을 갖추게 되는 결과를 가져옵니다. 즉 안타까운 마음을 내포하는 것이지요.

좀 더 구체적인 예를 들어보겠습니다.

If I win the lottery, I will buy a Porsche.
(내가 이 복권에 당첨만 된다면 포르쉐를 한 대 살거야)

이처럼 가정법 문장에 현재형 동사를 사용한 이유는, 지금 당장 하나만 더 맞추면 1등이 되므로 당첨의 확률이 급격히 높아진 상태라 긴장도(tense)가 이미 최고의 수준에 오른 상태이기 때문입니다. 이때는 당첨이 된다는 사실이 실제 일어날 수 있는 현실에 극도로 가까워져 있기 때문에 현재형 동사를 사용하였고, 또한 가정법이 아닌 단순한 if 직설법 조건문이 되는 것입니다.

하지만, 위 문장을 가정법 과거로 바꾸면 다음과 같습니다.
If I won the lottery, I could buy a Porsche.
(내가 이 복권에 당첨만 된다면 포르쉐를 한 대 살 수 있을 텐데)

이 문장은 아직 당첨결과가 발표도 되지 않은 같은 시제의 상황, 즉 현재시제임에도 불구하고 복권에 붙을 확률이 지극히 낮음을 인식하고 있는 문장입니다. 그래서 당첨이 된다는 것은 지극히 가정적인 요소가 됩니다. 그래서 가정법이 되어 버렸습니다.
이처럼 동사의 과거형을 사용하는 것만으로 문장의 긴장도는 확 떨어지게 됩

니다. 이것이 바로 가정법의 원리입니다.

문법의 규칙보다 문법의 이해가 이래서 더 중요한 것입니다.

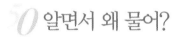 알면서 왜 물어?

시합을 앞두고 잔뜩 긴장해 있는 친구에게 Are you nervous? 라고 묻는다면?
큰일을 당해 울고 있는 누군가에게 무슨 말이든 한마디라도 해야 할 것 같아
Are you sad? 하고 또 묻는다면?
아마 상대방은 하던 일을 갑자기 멈추곤 야속한 표정으로 잠시 나를 쳐
다 볼지도 모릅니다. 어법상 전혀 오류가 없어 보이는 문장인데 또 어디
가 잘못 되었을까요?
서로가 알고 있는 이야기를 물어볼 때 위 예문처럼 긍정문을 사용한다면 어
색한 표현이 됩니다. 어차피 궁금해서 물어보는 것도 아니고, 긴장하고 있다
는 거, 슬픈 거 서로가 이미 알고 있기 때문에 이럴 땐,

You are nervous, aren't you?
이처럼 부가의문문을 붙여서 물어 본다면 보다 자연스럽게 나의 마음이 전해
질 것입니다.
하긴 우리말로 생각해도 울고 있는 나에게 '슬프니?' 라고 누가 물어보면 좀 황
당하긴 하겠네요.

51 초대장에 적힌 암호?

BYO는 Bring Your Own의 약자.

자기가 먹을 건 각자 지참하라는 뜻이랍니다. 호주에 가면 많은 식당들이 입구에 BYOB를 걸어 놓고 있는 것을 발견할 수 있는데요, Bring Your Own Booze의 뜻이 되겠습니다. Booze는 술의 속어입니다. 자기가 마실 술을 가져와서 주문한 음식과 함께 먹을 수 있는 편리한 시스템입니다.

초대장에 자주 등장하는 다른 약어 한가지 더 알아볼까요?

RSVP

초대장 끝 부분에 이 같은 약어가 가끔 쓰어있는 걸 발견할 수 있는데요. 원래 불어의 répondez s'il vous plait 에서 따온 두문자(acronym)입니다. 영어로는 please reply의 뜻입니다.

이 문구가 표시되어 있으면 참석여부를 초청자에게 꼭 알려주어야 합니다.

52 슈퍼맨, 배트맨, 바바리맨?

추운 날씨에 바바리 하나만 걸쳐 입은 변태 루저남(loser)들이 아직도 정신을 못 차리고 여학교 근처 골목을 배회하고 있다는데 참 큰일입니다.

바바리는 영국 패션브랜드 Burberry 의 일본식 발음이고, 발음조차 그대로 일본에서 가지고 온 콩글리시 중의 하나입니다.

Burberry 는 trench coat로 워낙 유명한 영국의 brand라는 것은 이미 널리 알려진 사실이지요. 그렇다면 바바리맨은 영어로 무엇일까요? 그다지 별로 알고 싶지는 않지만 미국에도 있다고 하니 한번 알아보도록 하지요.

미국인 친구에게 바바리맨을 들어보았냐고 물었더니 새로 등장한 슈퍼히어로이냐며 되묻습니다. 슈퍼맨, 배트맨, 스파이더맨, 그렇다면 바바리맨은, 악당을 물리치는 명품 걸친 사나이?

각설하고, 바바리맨은 a flasher라고 합니다. flash는 잠깐 번쩍하고 비추는 것을 의미합니다. 그러고 보면 바바리맨은 모양을, flasher는 행동을 잘 묘사한 단어인 것 같습니다.

3 손가락이 네 개인 사람들

배우 현빈과 김태희, 그리고 엉클잭 세 사람 사이에는 공통점이 하나 있습니다. 모두 양 손에 finger를 네 개씩을 가지고 있다는 것입니다. 무슨 뚱딴지 같은 소리냐구요?

우리가 finger라고 부르는 손가락은 엄지를 뺀 나머지 네 개에만 해당하는 단어입니다. 엄지 손가락은 그냥 thumb이라고 합니다. 그래서 first finger는 검지가 되고, 다른 말로 forefinger 또는 index finger라고도 하지요.

second finger는 중지,

third finger는 약지,

fourth finger는 그래서 새끼 손가락이 됩니다.

4 귀엽다고 해도 화내지 말자

세상의 모든 아기들은 다 귀엽습니다. 심지어 동물들조차 새끼들은 신기하게도 모두 귀엽게 느껴집니다. 뱀이랑 쥐는 빼고.

하여간 이제 갓 아장아장 걷는 아기들이 앙증맞은 손발로 서툰 동작을 하는 것만 보아도 so cute!가 저절로 나오는데요. 이렇게 아기들에게나 사용하는 줄 알고 있던 cute라는 단어를 다 큰 남자인 내가 듣게 된다면?

그것도 나보다 한참은 어려 보이는 여자에게 듣게 된다면 기분이 어떨까요? 하지만 "어린 것이 감히 내게 귀엽다니!" 하면서 역정을 낼 일이 결코 아닙니다. 아니, 그 반대로 기분 좋아 팔짝 뛸 일이지요.

cute는 일반적으로 귀엽다 라는 뜻이지만, 여자가 남자에게 사용할 경우엔 매력 있는 남자라는 의미가 되면서 또한 섹시하다는 의미가 내포되어 있습니다. 그렇지만 섹시하다고 해서 낯 뜨거운 속어는 결코 아닙니다. 영화에서 수시로 등장하는 표현인데 대부분 다음과 같이 부드럽게 번역되고 있습니다.

"저 남자 괜찮은데"
"저 남자 멋진걸"
"귀여운데"

5 바로 읽으나 거꾸로 읽으나 palindrome

앞에서 읽으나 뒤에서 읽으나 발음이 같은 단어나 문장이 있습니다. 그것을 'Palindrome' 즉 '회문(回文)'이라고 하지요. 대표적으로 어떤 것들이 있는지 재미 삼아 한번 알아볼까요?

eve, level, ABBA 같은 간단한 단어도 있고, 가장 유명한 palindrome 이라 할 수 있는 Madam, I'm Adam. (부인, 저는 아담입니다)와 같은 문장형도 있습니다.

그 외에도 재미있는 palindrome들이 많이 있지요.

Was it a rat I saw?

Never odd or even

Dammit, I'm mad!

보너스로 하나 더,

문장은 아니지만 단어들로 이루어진 재미있는 palindrome입니다.

전체 단어를 거꾸로 읽어도 똑같이 발음되는 기발함이 돋보입니다.

A man, a plan, a canal, Panama

한국에서만 통하는 영어

한국에서만 통하는 영어. 바로 콩글리시입니다.

언어는 기본적으로 변화와 발전의 속성을 가지고 있는 존재이지만 외국어와 외래어의 범람으로 국어가 훼손되어서는 결코 안 될 일입니다.

콩글리시에는 다음과 같이 크게 네 가지 종류가 있습니다.

첫째, '핸드폰' 같이 한국에서만 통하는 한국 영어가 있고,

둘째, 'Idol' 처럼 의미가 오용되고 있는 한국식 영어가 있고,

셋째, '테레비' 처럼 일본에서 직수입한 잡종 영어가 있습니다.

넷째, 한국어 언어사고의 체계에서 생성되는 어색한 영어표현도 콩글리시라 할 수 있는데 이는 원어민과의 커뮤니케이션에 있어서 역시 문제가 되고 있기 때문에 포함을 시켰습니다.

특히 콩글리시 단어는 영어로 사용할 수도 없으면서 영어처럼 인식이 되어 있기 때문에 영어학습의 저해요소로도 작용하고 있습니다. 이렇듯 한국에서만 통하는 콩글리시를 좀 더 자세히 알아보도록 하겠습니다.

6 콩글리시의 세계화를 꿈꾼다. Fighting!!

대표적인 콩글리시 하나를 꼽으라면 항상 빠지지 않는 것이 있습니다. 그것은 바로,

화이팅!

이 표현은 이제 국민 콩글리시라고 해도 과언이 아닐 정도로 오용되고 있는데 그나마 한글로 표현하기에도 적절하지 않아 정확하게 발음하는 이조차 찾기 힘들 정도입니다.

그리고 아이러니하게도 정확한 F 발음으로 화이팅을 외친다면 왠지 그 맛이 나지 않기조차 합니다. 이 단어의 뜻을 모르는 사람은 없겠지만 그래도 사전적 의미를 살펴보면 다음과 같습니다.

Fighting: (형용사) 싸우는, 투지 있는, 전투의, 교전중인.

(명사) 싸움, 전투, 교전, 투쟁.

모든 사람들이 '힘내라!' 라는 뜻으로 이 말을 사용하고 있는데, 위의 형용사, 명사 어떤 것을 대입해 보아도 그렇게 번역되는 경우를 찾아볼 수는 없습니다.

우리가 거의 매일 듣고 사는 '화이팅'의 정체와 유래는 도무지 알 길이 없군요. 물론 투쟁이란 뜻이 있으니 경기에 임하는 선수들에게 격려하는 표현으로 이해할 수는 있습니다. 그렇더라도 최소한 어법에는 맞아야 할 텐데 한국에서 이제 고유동사(?)화 되어버린 이 표현에 모든 원어민들은 어리둥절할 수

밖에 없습니다. 그렇다고 이왕 이렇게 쓰고 있는 거

'Fight!'

'Go fighting!'

'Go fight!'

'Fighting spirit'

이처럼 어법에 맞게 사용하자고 할 생각은 없습니다.

결국 저는 이렇게 생각하게 되었습니다. 화이팅은 이제 그냥 한국말이다. 그런데, 이것도 한류의 힘일까요? 이제 외국인들이 '화이팅'을 신나게 사용하고, 심지어 원어민들 조차 방송에서 '화이팅'을 웃으며 외치는 세상이 되었습니다. '예스맨'이란 영화에서 한국어를 배우는 Jim Carrey가 완전 한국 발음으로 '화이팅'이라고 말하는 장면이 나오더군요. 마치 한국어인양.

아…영어조차 역수출하는 한국의 힘!

하지만 우려스러운 사실은, 화이팅이 변종을 시도하고 있다는 것입니다. 스포츠 방송을 보다보면, '아 저 선수 화이팅이 충만한 선수에요.' '네. 오늘 뛰어난 화이팅을 보여주고 있네요' 대관절 화이팅이 충만하다는 건 무슨 뜻인지… 그리고 휴대전화 문자에도 침투하여 변신을 시도합니다.

'오늘도 홧팅!'

이렇게 화이팅이 '힘를 주는 그 무엇'에 대한 주문처럼 업그레이드 되면서 다양하게 사용되어 간다는 사실인데, 이를 쉽게 간과해서는 안 될 일입니다. 그것이 한국어 귀화 영어로 계속 사용되더라도 이처럼 아무데나 화이팅을 갖다 붙이는 습관은 버려야 합니다. 그리고 제2의 화이팅이 나오지 않도록 제대로 영어를 익히고, 국어를 사랑하는 마음도 잊지 말아야 하겠습니다.

57 아이들이 영어로 idol인가?

콩글리시는 아니지만 한국에 와서는 이상하게 사용되고 있는 잉글리시가 하나 있습니다.

요즘 TV만 켜면 예능 프로그램에서 귀에 못이 박히도록 들려오는 단어. 바로 아이돌(idol) 입니다. 방송을 보다 보면 idol의 정의가 마치 댄스그룹에 속해 있는 어린 가수들만을 의미하는 것처럼 느껴집니다.

idol은 숭배의 대상으로서 '우상'이라는 뜻입니다. 사람들로부터 신적인 존재로 추앙받는 동상이나 어떤 사물을 의미하기도 합니다. 원래는 이렇듯 종교적인 단어에서 시작되었다가 갈수록 그 의미가 많이 희석이 되어, 지금에 이르러서는 많은 사람들에게 열광적으로 지지를 받는 배우나 가수, 스포츠 선수를 의미하고 있습니다. 이것이 정확한 Idol의 의미입니다.

Collins 사전을 찾아보면 idol에 대한 비교적 현대적인 의미의 정의가 나와 있습니다.

Idol: if you refer to someone such as a film, pop, of sports star as an idol, you mean that they are greatly admired of loved by their fans.

그런데 우리나라에서는 우상이나 열광적인 지지는커녕 이름도 알지 못하는 그룹 가수들을 idol로 표현하고 있습니다. 모든 방송 관계자들이나 심지어 본인들도 스스로를 idol로 표현하는 걸 보면 실소를 금할 길이 없습니다. '일단 걸그룹이나 보이그룹에 속한 어린 가수'라면 기본적으로 아이돌로 몰아가는 분위기인데 이건 '화이팅'에 버금가는 또 하나의 콩글리시를 만드는 우를 범하는 것 입니다. 이 같은 기준이라면 진정한 idol이라 할 수 있는 조용필, 상농건,

박지성, 서태지, 김연아는 idol이 아닌 셈입니다. 물론 소녀시대나 예전의 동방신기처럼 막강한 팬덤을 형성하고 있는 팀이라면 idol 그룹이라는 표현이 무색하지는 않습니다. 문제는 외래어의 잘못된 토착화와 단어의 질적 저하(degradation)입니다.

일본 방송에서 TV에 나오는 인기스타를 아이도루(アイドル)라고 하는 것을 보고 창의성 부족한 일부 방송 관계자들이 줏대 없이 따라 하다 보니 지금에 이르게 된 상황임을 모르는 바는 아니지만, 그렇다고 먼저 잘못 사용한 일본을 탓할 것이 아니라 제대로 된 우리말에 해당하는 단어를 먼저 찾으려는 노력이 아쉽다는 것입니다.

그렇게 해서 생성되는 콩글리시는 분명히 언어 공해입니다.

아름다운 우리말을 두고 왜 뜻도 맞지 않은 외국어를 그렇게들 사용하는지 정말 안타까운 노릇입니다.

그냥 인기가수라고 표현하면 좋겠습니다. 비록 인기가 없더라도 어린 가수들 사기 진작에도 좋고 말입니다.

8 한국에서만 씹는 Gum

Give me a gum, please. (껌 하나 주세요~)

미국에서 이렇게 말한다면 웬만해선 껌 한 통 사기 어렵습니다.

물론 눈치 있는 가게 주인은 알아서 껌 한 통을 내줄 수도 있겠지요. 일단 우리가 씹는 껌은 그냥 gum이 아니랍니다. 말 그대로 '씹는 껌'이어야만 뜻이 통한다는 사실 즉, 'chewing gum'이라고 해야 한다는 것 입니다. 그냥 껌 (gum)이라고 하면 잇몸, 생고무란 뜻이 우선입니다.

She was laughing with her gums showing
(그녀는 잇몸을 드러내며 활짝 웃고 있었다.)

gum만 사용한다 해도 정황상 씹는 껌임을 알 수 있을 경우, chewing을 생략 하기도 합니다. 이를테면 바닥에 붙은 껌을 떼어낼 때는 to scrape the gum으로 말한다거나 무설탕 껌을 a pack of sugarless gum으로 표시할 때는 chewing을 생략합니다.

9 춤추는 발레 파킹

강남의 청담동 같은 동네엔 별로 크지 않은 가게들도 발레 파킹 서비스를 제공하고 있는 곳이 아주 많습니다. Valet Parking 이라고 적혀있는 조그만 간이 건물이 가게 앞마다 즐비한 것을 쉽게 발견할 수 있지요.

그런데, 어떤 가게에서 발레파킹을 Ballet Parking으로 적어 놓은 것을 보고는 참으로 난감하지 않을 수 없었습니다. 이건 콩글리시라기보단 그냥 표기 오류입니다. Ballet은 우리 모두 잘 알다시피 아름다운 서양무용이지요, 발레 파킹은 Valet parking이 맞는 표기입니다.

그리고, Valet의 발음은 '발레이'입니다. 당연히 V사운드 주의해야겠죠. Ballet도 '발레이'이기 때문에 V사운드를 확실히 하지 않으면 스펠링은 제대로 알더라도 결국 춤추는 주차장이 되는 셈입니다.

원래 Valet는 호텔 같은 장소에서 대리 주차에 종사하는 분들을 의미합니다.
그래서 Valet parking의 의미는 '대리주차'입니다.

0 그런 사람 없습니다

사무실에서 전화벨이 울립니다.
받아보니 옆자리 김대리를 찾는 외국 바이어의 전화로군요. 마침 김대리는 외
근 중입니다. 다음 대화 내용에서 어디가 잘못 되었는지 확인해 보시기 바랍
니다.

Can I speak to Mr. Kim please?
Sorry, he is not here (죄송합니다만, 안 계신데요)

언뜻 보면 전혀 틀리지 않은 말 같아 보이지만 위 표현은 일종의 콩글리시이
기 때문에 원어민은 다르게 이해할 수도 있습니다.

He's not here.
이 말은 김대리가 지금 자리에 없다는 뜻이 아니라 이 회사에 더 이상 다니지
않는다는 의미가 더 강한 표현입니다.

이처럼 외근 중이거나 잠시 자리를 비운 관계로 지금 당장은 이곳에 없다라는
의미를 전달하고 싶을 땐 이렇게 말해야 합니다.

He's out right now (지금 자리에 안 계신데요)

He just stepped out (방금 자리를 비우셨어요)

01 생활 콩글리시, 어떤 것들이 있나?

생활 속에서 쉽게 발견할 수 있는 많은 콩글리시들을 좀 알아볼까요? 우리가 실생활 속에서 무심코 사용하는 영어의 대다수가 콩글리시임을 알 수가 있습니다.

PDP

영어로는 a plasma TV 혹은 그냥 플라즈마라고도 합니다.

TV가 LCD TV, LED TV, 3D TV 등으로 다양해지면서 예전만큼 많이 듣게 되는 단어는 아니지만, PDP라는 패널의 형식이 제품의 고유명사를 대신하는 단어로 잘못 사용되고 있는 경우입니다.

전자렌지

한글과 영어가 혼합된 합성어인데 영어로는 a microwave oven 혹은 간단히 a microwave라고 표현합니다. 마이크로파, 즉 극초단파를 이용하여 분자를 진동시킴으로써 음식의 자체 발열을 유도하는 제품인데 왠지 a microwave 라고만 표현하는 것이 우리나라의 전자렌지보다 그다지 나을 건 없어 보입니다.

에어컨

an air conditioner가 일본을 다녀오면서 꼬리가 잘린 aircon이 되었습니다. 원어민은 못 알아듣습니다.

리모콘

에어컨과 쌍벽을 이루는 꼬리 잘린 단어 되겠습니다. 영어로는 a remote control이며, 간단히 a remote라고도 합니다. 영어로도 꼬리가 잘렸지만 부위가 다르군요.

아파트

어떤 이가 잔뜩 발음을 굴리며 I live in a apart. 하더군요. 아무리 '어파알트'라고 발음해도 외국인은 못 알아듣습니다. 미국 영어로는 apartment, 영국과 호주에서는 flat도 많이 사용합니다.

런닝머신

런닝머신이 콩글리시일 줄은 몰랐던 분들 배신감이 들겠지만 그나마 영어로 사용해도 충분할 만큼 최소한 원칙을 갖춘 나름 내실 있는 콩글리시입니다. 제대로 된 표현으로는 a treadmill이라고 합니다. 다람쥐 쳇바퀴란 뜻을 가지고 있지요.

스탠드

a lamp라고 합니다. 간단하지요? 책상 위에 있으면 a desk lamp가 됩니다. stand는 명사로 사용하더라도 '위치' '가판대' 정도의 의미밖에 없는데 '빛'도 없는 stand가 어쩌다 등기구가 되었는지.

스킨

세수한 후 스킨 꼭 바르세요! 이처럼 로션을 빼고 말하면 피부에 피부를 바르는 무서운 표현이 됩니다.

a skin lotion이라고 합니다.

핸드폰

영어보다 나은 콩글리시를 꼽으라면 추천하고 싶은 단어입니다. 오히려 영어보다 직관적인 것 같아 좋습니다. 우리나라 말고도 말레이시아나 싱가포르에서도 사용하는 단어이지요. 영어로는 a cell phone, a mobile phone, a mobile이라고 합니다.

그리고 미국에서 handphone이라고 하면 절대 안 통한다고 하는데 꼭 그렇지는 않습니다. 그렇게 사용하지 않을 뿐이지 대부분 알아 듣습니다.

핸드백이 정확한 영어로도 handbag이기 때문에 handphone이란 단어가 전혀 생경하게 느껴지지는 않습니다.

삼성과 LG가 자사의 제품을 핸드폰으로 계속 광고한다면 언젠가 휴대전화는 영어로 handphone이 될지도 모를 일이지요.

호치키스

영어로는 a stapler입니다. 일본에서 이 stapler를 수입하기로 하면서 처음으로 계약을 맺은 회사의 이름이 E.H Hotchkiss입니다. 일본에서 크게 히트하면서 호치키스(ホッチキス)라는 회사명이 제품명을 넘어 보통명사로 자리잡은 다소 황당한 콩글리시입니다.

우리말로 박음쇠, 혹은 지철기(紙綴器)라고 한다는군요.

노트북

사실 예전엔 그냥 notebook이라고만 하면 공책이기 때문에 콩글리시의 반열에 올라있었지만, 요즘은 문장내의 맥락에 따라 notebook만을 사용하기도 합니다. 제대로 된 영어로는 a notebook computer 또는 a laptop computer입니다.

볼펜

정확한 명칭은 a ballpoint pen입니다. 끝에 달린 작은 구슬이 구르면서 잉크를 배출하는 원리를 그대로 담은 단어입니다. 하지만 a ballpoint pen이란 단어를 듣기란 거의 불가능합니다. 왜냐하면 대부분 그냥 pen이라고 하니까요.

샤프

날카로운 연필, 즉 a sharp pencil에서 비롯되지 않았나 싶긴 하지만 정식 영어로는 a mechanical pencil입니다. 일종의 기계장치로 작동되는 연필이라는 의미지요.

매직

우리나라에서는 호치키스 정도만큼이나 상표명이 그대로 제품의 이름으로 사용된 콩글리시입니다. 정식명칭은 a marker pen입니다.

콘센트

참으로 기원을 알기 힘든 콩글리시입니다. 보통 콩글리시의 경우 단어 자체는 쉬운데 이것은 어렵기까지 합니다. 전기배선과 코드를 접속할 수 있도록 벽에 붙어있는 전기 유출구를 우리는 콘센트라고 하지요. 정식명칭은 an outlet입니다. 그 외에도 socket 또는 concentric plug라고도 하는데, 아마 concentric

이란 단어에서 콘센트만 따온 걸로 보입니다.

다이어리

메모, 정보, 일정, 시간등을 관리하는 개인화 도구로서 우리는 이것을 다이어리 혹은 플래너라고도 하지요. 정확한 영어로는 a datebook이라고 합니다.

샐러리맨

대화 중에 salary man이라고 해도 소통이 가능할 수는 있겠지만 정확한 영어로는 a salaried man이어야 맞습니다.

아르바이트

본래의 직업이 아닌 임시로 하는 일이란 의미의 독일어입니다. 지금은 '알바'로 토착화 된 외래어입니다. 학생이라면 외국인과의 대화에 많이 사용되는 용어이므로 제대로 된 표현을 알아두는 것이 좋겠습니다. a part-time job.

츄리닝

츄리닝이 training(훈련)에서 나온 발음이기 때문에 '트레이닝복' 혹은 '트레이닝 수트'라고 하는 사람도 더러 있지만 정확한 명칭은 a sweat suit 또는 그냥 a sportswear라고 합니다.

지금까지 나열한 콩글리시들은 그야말로 빙산의 일각입니다. 콩글리시 중에서도 마치 진짜 영어 같은 'Super Konglish'가 있습니다. 원어민과 대화 중에 무심코 쓰게 되는 슈퍼 콩글리시에는 어떤 것들이 있는지 몇 개만 알아봅니다.

Name card

'명함을 건네면서 This is my name card 라는 말을 덧붙이는 경우를 많이 보게 됩니다. 정황상 원어민도 충분히 이해할 수 있는 단어이긴 하지만 '명함'의 정확한 영어명칭은 business card입니다.

Vinyl bag

가게에서 물건을 사다 보면 담아갈 비닐봉지를 요구할 경우가 많이 있습니다. 이때 비닐봉지에 해당하는 영어는 a plastic bag입니다. 그리고 비닐의 발음도 '바이늘'입니다.

Morning call

해외 출장 중에 꼭 한번씩은 사용해 보게 되는 표현이지요. 하지만 모닝콜은 wake-up call이라고 해야 제대로 알아듣고 아침에 깨워 줍니다.

Meeting

일반적인 의미의 만남은 meeting이 맞습니다. 하지만 그 중에서도 누군가의 소개를 통하여 가지는 남녀의 만남은 blind date라고 합니다. 만나기 전에는 상대가 누구인지 모르기 때문에 blind라고 하지요.

Cunning

시험 볼 때 답을 몰래 훔쳐 보는 것을 부정행위 즉, cheating이라고 하지요. cunning의 정확한 뜻은 '교활한' 인데, cheating하는 사람의 교활함을 의미하던 것이 '부정행위'의 의미로 잘못 확대된 경우입니다.

Oil

Oil은 기름 혹은 석유를 의미합니다. 하지만 자동차 연료로서의 기름을 이야기 할 때는 gas 또는 gasoline이라고 합니다.

gasoline은 휘발유를 의미하지만 기름이 떨어졌을 때엔 휘발유차 경유차 할 것 없이 out of gas라는 표현을 사용합니다.

02 정말 귀에 거슬리는 콩글리시 하나

콩글리시 중에서도 유독 귀에 거슬리는 단어들이 있는데 그 중 하나가 바로 '매니아'입니다. 커피 매니아, 팝송 매니아, 운동 매니아, 심지어 기부 매니아라는 말까지….

'mania'라는 말은 어떤 대상에 대하여 극도로 열광하는 감정의 상태를 나타내는 추상명사입니다. 감정이 극단으로 치달아 병적인 상태에 이르는 것, 즉 '광기'라는 의미로도 사용되는 과격한 단어입니다. 어느 쪽을 적용해도 결코 사람을 의미하는 단어가 아닙니다. 굳이 사람에게 쓰겠다면 사람을 지칭하는 maniac을 사용해서 'a ○○○ maniac'으로 표현해야 합니다. 그리고 ○○○ 에 무엇이 오든 부정적인 의미로 사용됩니다.

그런데 세상에나! 기부 천사에게 매니아라니요? 기부 매니악이라고 해도 문제는 심각합니다. 기부를 위해서 상상할 수 없는 잔인한 짓을 일삼는 사람을 의미하기 때문입니다.

그런데 왜 매니아를 사용하게 되었을까요?

mania를 사전에서 찾아보면 '미칠 狂'이 나옵니다. 댄스에 열광하는 것을 댄스광. 광에 해당하는 말은 mania, 우리 말로는 한문 '狂'자만 사용해도 사람을 의미하기도 하기 때문에 별 거리낌 없이 사용하게 된 것이지요. mania라는 단어는 우리끼리도 쓰지 않았으면 하는 바람이지만, 외국인 앞에서는 특히 조심해야 할 표현입니다. 김치를 맛있게 먹고 있는 어느 외국인의 옆에서 Your are a kimchi mania 라며 연신 엄지를 치켜드는 TV 리포터의 모습을 보고 있자면 불편한 느낌이 듭니다.

어떻게 해서든 매니아라는 말을 꼭 넣어서 하고 싶다면 I have a mania for baseball (나는 야구광이야)라고 제대로 사용해야 합니다.

③ 자동차에 실려있는 수많은 콩글리시들

우리 주변에서 쉽게 찾아볼 수 있는 콩글리시. 특히 자동차와 관련해서 수많은 콩글리시가 있지요. 사실 이런 소재를 다룬 글들이 워낙 많아 이제 웬만큼 잘 알고 있으면서도 오랫동안 입에 붙은 터인지 잘 고쳐지지 않는 것 같습니다. 아직도 잘 고쳐지지 않고 있는 자동차 콩글리시에는 어떤 것들이 있는지, 또한 어떻게 고쳐 말해야 하는지 알아보도록 하겠습니다.

핸들(Handle)은 스티어링 휠(Steering wheel)로,
다이아 빵꾸(Punc)는 플랫 타이어(Flat tire)로
백미러(Back mirror)는 리어뷰 미러 (Rearview mirror)로
크락숀(Klaxon)는 혼(Horn)으로 제대로 고쳐 말해야 합니다.
크락숀은 horn을 만든 회사의 상표이름에서 비롯된 단어입니다.
그리고 본네트(Bonnet)라는 표현은 물론 사용하지만 영국식이며 발음은 바

넛 혹은 버닛입니다. 미국영어로는 후드(Hood)를 사용하지요.

그리고, 유독 자동차와 토목, 건설관련 용어가 일본의 영향 때문에 고약한 발음으로 변한 뒤 아직 회복되지 않고 있는 것들이 많습니다. 일본식 발음만큼은 꼭 고쳤으면 하는데 어떤 것들이 있는지 또 알아보도록 하겠습니다.

밤바(Bumper)

자동차 범퍼가 일본어를 만나 밤바가 되었습니다. 완충장치 말고는 특별히 한국말이 없으니 그냥 범퍼라고 하면 됩니다.

엥꼬(エンコ)

기름이 바닥나면 으레 '기름이 엥꼬네' 하고 말을 합니다. empty에서 비롯된 영어 합성어라고 이야기하는 사람이 있는데 엥꼬는 그냥 순수한 일본말입니다. 자동차가 고장나서 움직이지 않는다는 뜻이지요. 우리는 그냥 '기름이 없네'라고 하면 좋겠습니다.

빵꾸 (Puncture)

빵꾸도 Puncture 에서 앞부분 punc 만 떼내어 발음 나는 대로 펑크가 된 것이죠. 원어민에게 punc라는 단어는 Punk Rock음악이나 불쏘시개 정도로 들릴 뿐입니다. 이것 또한 소신없는 콩글리시가 아닐 수 없습니다. 그것도 모자라 일본식 발음으로 빵꾸라고 한다면 창피한 일이 아닐까요? 타이어 바람이 샌다, 바람 빠졌네 정도로 충분하다고 생각합니다.

빳떼리(Battery)

우리는 배터리라고 정확하게 발음할 수 있습니다 심지어 원어민처럼 '배러리' 발음도 되는데 군이 일본 사람처럼 빳떼리라고 할 필요가 있을까요?

만땅(fill it up)

만탱크(満タン). 연료나 물 등이 용기에 가득 들어 있다는 일본어입니다. 다행히 요즘은 '채워 주세요'라고 많이들 이야기하지만 아직도 창문 내리며 만땅을 외치는 아저씨들이 많은 현실입니다.

아무튼 한 두 가지가 아니겠지만 기본적으로는 한국어를 사용하기 위한 의식적인 노력이 필요하다고 생각합니다. 한국어에 없는 명칭은 정확한 원어로 사용하면 됩니다. 한국말을 잘 하는 사람이 영어도 잘 합니다. 기이한 일본식 영어는 어떻게든 사용하지 않도록 주의해야 하겠습니다.

04 우리 남편이라니?

우리나라 사람들은 유독 '우리'라는 말을 많이 사용합니다. 이 글도 우리나라 사람이라고 시작했네요.

그냥 한국사람이라고 해도 되지만 그렇게 하면 왠지 스스로가 이방인이 된 듯한 느낌이 듭니다. 사실 우리나라 사람들끼리는 얼마든지 '우리'라는 말을 사용해도 좋습니다. 하지만 영어식 사고에는 '우리'라는 표현이 자칫 오해를 살 소지도 있기 때문에 주의해서 사용해야 할 경우가 있습니다.

Wow! Who's this guy in the picture?

(우와~ 사진 속의 이 남자 누구야?)

This is our husband.

(응. 우리 남편이야.)

졸지에 하나뿐인 내 남편이 일부다처제의 주인공이 되는 순간입니다. 영어에 있어서 'our'는 지금 대화하고 있는 상대가 나를 포함한 '우리'의 구성원에 포함됨을 의미합니다.

물론 내 남편이란 표현이 이제 더 익숙한 요즘 이런 실수는 별로 없겠지만 '우리'가 더 입에 익은 단어들이 주변에 너무나 많습니다. 예를 들면 '우리 민족' 같은 표현입니다. 영어적 사고방식으로는 국수적이고 배타적인 표현이 아닐 수 없습니다.

그리고 단일민족이라는 자부심은 이제 버려야 할 때가 왔습니다. 더 이상 자부심의 대상이 아니라고 생각합니다. 그러한 생각은 피부색이 다른 사람을 배타적으로 대하는 시각의 근거나 될 뿐 영어로나 한국어로나 전혀 미래지향적이지 못한 표현이라는 생각입니다.

앞으론 이렇게 표현해 보면 어떨까요?

우리나라에는 아름다운 산들이 많이 있습니다.

There are a lot of beautiful mountains in our country. (△)

There are a lot of beautiful mountains in Korea. (O)

우리민족은 강합니다.

Our people is strong (△)

Koreans are strong. (O)

5 나의 두 눈은 나쁜 녀석들이에요

'나의 눈은 나쁘다'를 자동 번역기에 돌려보면 아마 My eyes are bad라고 나올 는지 모르겠네요. My eyes are bad라는 말을 굳이 번역해 보면 내 눈이 나쁜 짓 을 했다거나, 두 눈이 의학적으로 심각한 상태에 있음을 나타내는 것입니다.

'시력이 나쁘다'는 의미로 사용하고자 한다면,
I'm near-sighted 또는 I'm short-sighted가 옳은 표현입니다.
원시일 경우엔 I'm far-sighted라고 합니다.

그렇다면 상이 명확하게 맺히지 않는 난시는 영어로 무엇일까요?
astigmatism이라 합니다.

I have bad astigmatism (나는 난시가 심한 편이다)
I'm astigmatic (나는 난시가 있어)

6 어느 길로 가야 할지 가르침을 주소서

'역으로 가는 길 좀 가르쳐 주실래요?'
해외 여행 중에 많이 사용하게 되는 표현입니다. 어디가 잘못 되었을까요?

<u>Can</u> you <u>teach</u> me <u>the way</u> to <u>the station</u>?
 (A)   (B)   (C)   (D)

정답은 (B)번.

가르치다 라는 동사를 단순히 teach로 단순 번역한 잘 못된 문장입니다.

teach란 지식이나 어떠한 방법 등을 전해줌으로써 상대방이 성장하게끔 지도하고 육성하는 의미가 담겨 있는 것입니다. 길 하나 물어보면서 거창하게 가르침을 받을 필요까진 없겠죠. 이럴 땐 tell 동사가 적격입니다.

Can you tell me the way to the station?

07 난 스피킹은 좀 하는데 히어링이 약해.

스피킹은 잘 하는데 히어링이 약한 사람들은 어떻게 해야 할까요? 그런 분들은 당연히 이비인후과에 가야겠지요. 하지만 영어 청취 이해력이 약하다는 의미라면 listening이란 단어를 사용했어야 합니다.

CNN 뉴스의 소리가 잘 들리면 hearing이 잘 되는 것이고,
CNN 뉴스의 내용이 잘 이해되면 listening이 잘 되는 것입니다.

hearing은 청각과 관련한 듣다의 의미이며, 나의 의지와 상관없이 소리가 들리는 것입니다.
한편 listening은 소리의 내용을 이해하면서 듣는 것이기 때문에 의지를 가지고 생각하면서 듣는 동작입니다.

I can't hear you. (당신이 말하는 소리가 들리지 않아요)
Listen to me. (내 말을 들어 봐)

Can you hear me? (내 말 들리니? / 알아들었어?)

hear 와 listen 둘 다 '듣다'의 뜻이지만 잘 구분해서 사용해야 합니다.

*8 저 원룸에 살아요.

부동산계의 대표 콩글리시는 부동의 1위 '아파트'가 아닐까 싶네요. 그 외에
도 순위 다툼을 하고 있는 부동산 콩글리시들이 많이 있습니다. 별장이나 호
화 주택을 의미하는 빌라(Villa), 분양 아파트를 의미하는 콘도(Condo) 혹은
콘도미니엄(Condominium)
위 단어들은 영어로도 존재하지만 한국에서는 완전히 다른 의미로 사용되고
있지요.
 그리고 한국식 영어인 '원룸'(one room)이 있습니다. 말 그대로 방 하나를 의
미하는 것이지만 왠지 단칸방이라고 하면 슬퍼 보이고, 원룸은 세련돼 보입니
다. 영어 사대주의를 빗댄 조크로 많이 회자되기도 했습니다. '원룸에 살아요'
라는 말을 영어로 한다면, I live in a studio apartment라고 해야 합니다. 물론
거기엔 욕실과 주방이 딸려 있어야 합니다. 말 그대로 방 하나만 빌려서 사는
단칸방을 의미하고자 한다면
I live in a small room.
이라고 표현해야 보다 더 가까운 느낌입니다.

9 George Clooney는 서명하라! 서명하라!

길을 가다 우연히 George Clooney를 만났다면?

비행기 바로 옆자리에 Robert Pattinson이 앉아 있다면?

사인 하나 받아 둬야죠.

가슴도 벌렁거리는 데다 sign이 영어이기도 하니 급한 마음에 대충 Sign please! 라고 외쳤습니다. 그들이 눈치껏 알아들을 수 있을지는 모르지만, 이것 역시 심각한 콩글리시입니다. 제대로 된 표현은

Can I have your autograph? 입니다.

유명인이 하는 싸인은 autograph라고 합니다. 그래서 사인볼도 an autographed ball 이라고 하지요. 반면에 일반인이 계약서나 계산서에 하는 사인은 signature 입니다. 그렇다면 식당에서 카드로 계산할 때 종업원이 내게 하는 말은?

Can I have your signature?

10 시계는 원래 움직이지 않는다

외국인이 내게 몇 시냐고 물어 보는데, 마침 시계가 배터리가 다 되었는지, 고장이 났는지 움직이질 않습니다.

그래서 My watch doesn't move 라고 말한다면 역시 어색한 문장입니다. 이

는 마치 자동차처럼 이동을 해야 할 시계가 그 자리에 꿈쩍하지 않고 있다는 느낌을 줄 수도 있습니다. 이럴 땐,

My watch doesn't work. 라고 하면 됩니다.

덧붙여, watch는 손목 시계에만 사용하고, 그 외 벽시계나 자명종 시계엔 clock을 사용합니다.

71 자유이용권은 공짜표가 아니다

에버랜드나 롯데월드 같은 놀이공원에 가면 자유이용권이란 것이 있습니다. 미국 디즈니랜드에도 자유이용권이 물론 있지요. 자, 이곳에서 자유이용권을 사려고 합니다.

Can I have a free ticket please?

잘못된 표현이지요. 자유라는 단어 때문에 free가 떠 올랐나 봅니다. a free ticket이라고 하면 자유이용권이라기보단 공짜표라는 뜻입니다. 공짜표를 돈을 주고 살 이유는 없지요.

하루 동안 모든 시설물을 자유롭게 이용할 수 있는, 즉 우리말 그대로 자유이용권의 뜻을 가진 단어는 one-day ticket입니다.

디즈니랜드에선 one-day theme park ticket이라고 하는데, 워낙 넓은 곳이다 보니 2-day ticket, 3-day ticket도 있습니다.

2 purse와 wallet

우리말에는 지갑이라는 단어 자체에 남녀 구별이 없어서인지 purse와 wallet을 혼동하는 경우가 있는 것 같습니다. 물론 둘 다 '지갑'의 의미를 가지고 있지만 purse는 우리가 말하는 조그만 지갑이라기보다는 여자들이 어깨에 메고 다니는 handbag을 뜻하는 단어입니다.

남자들의 지갑은 중지갑이든 장지갑이든 wallet이라고 합니다.

지폐를 넣는 용도의 지갑을 의미하기 때문에 그런 타입의 지갑은 여성용도 물론 wallet이라 합니다.

그리고 서류 같은 것을 넣을 수 있는 크기의 납작한 가방 역시 wallet이라고 표현합니다.

3 불을 몸에 지니고 다니시나요?

요즘은 애연가들이 갈수록 설 자리가 없어지고 있죠. 드넓은 광장에서도 범칙금을 내야 하고 커피숍에서는 격리수용 되기도 합니다. 어느 애연가가 흡연구역을 겨우겨우 찾아 왔는데 아뿔사 라이터가 없네요. 지나가는 사람에게 불을 빌리고자 합니다.

Do you have fire? (불 있나요?)

이렇게 물었는데 황당한 표정으로 쳐다봅니다. 민망하게….

이럴 땐,

Could I use your lighter?

또는

Do you have a lighter?

라고 물어야 합니다.

Fire를 몸에 지니고 다니는 사람은 Heroes나 Fantastic 4 의 주인공들 말고는 지구상엔 아마 없을 겁니다.

74 발목 약간 삔 것 가지고 엄살은

계단을 내려오다 잘못 내딛는 바람에 왼발을 약간 접질렀습니다. 조금 뻐근하길래 파스를 바르면서 친구에게 이 사실을 얘기해 줍니다.

I was wounded in my left foot while going down the stairs.

친구가 피식 하고 웃습니다. 이런 인정머리 없는 녀석을 봤나.
내가 다쳤다는데 아무리 조금 삔 것이라 해도 면전에 대고 웃다니… 하지만 친구가 웃은 이유는,

I was wounded (난 부상 당했어) 부분 때문입니다.

내가 실수로 약간 다친 상처라면 그냥 hurt를 사용하시면 됩니다. wound는 타인에 의해서 총이나, 칼에 입은 고의적인 부상일 때 어울리는 단어입니다.

파스 바르면서 wound는 좀 오버입니다. 자, 어떻게 바꿀까요?

I hurt my left foot.

5 생각보다 위험한 단어 lie

꾸며낸 이야기로 여자친구를 웃기는 데 성공했다면 그 여자친구는 애교 섞인 목소리로 남자 친구의 가슴팍을 콩콩 두드리며 이렇게들 이야기하지요. "자기는 거짓말쟁이, 몰라 몰라" (너무 옛날 버전인가요)

아무튼 어느 나라말이건 거짓말은 나쁜 단어에 속하지만 특히 'Liar'이란 말은 미국에서 금기시 되는 표현이라 생각해도 무방합니다. 그만큼이나 유달리 진실된 국민들인지 아닌지는 잘 모르겠지만 하여간 liar는 대단히 모욕적인 표현으로 받아들여지고 있습니다.

친구가 꾸며낸 듯한 이야기를 주절거릴 때에도 you're lying이라 하지 말고 다음과 같이 말해 줍니다.

You're kidding.

6 예상하지 못했던 서운한 단어 foreigner.

가족에게 미국인 친구를 소개하다 별 뜻 없이 He is a foreigner라는 말을 했다면 예상외로 실례의 표현입니다.

우리말 '외국인'엔 부정적인 뜻이 없지만, foreigner라는 말에는 배척의 뉘앙스가 있어 다소 부정적인 느낌이 있습니다. '당신은 우리와 다른 외지 사람이다' 일종의 그런 메시지가 담겨 있는 것이지요. 쉽게 말해 따돌림 당하는 기분을 줄 수 있다는 것입니다. 그럼 어떻게 말을 해야 할까요?

Mike is an American. 또는 He's from the United States.
이렇게 이야기하는 것이 좋습니다.

77 알긴 알지만 개인적으로는 잘 몰라

John: This is a picture of Mariah Carey, the queen of pop.
(이건 팝의 여왕 머라이어 캐리 사진이야)
Kim: Yes, I know her.
(그래. 나 그 사람 알아)

Kim은 그 사진의 주인공이 누구인 줄 안다는 의미로 말을 했겠지만, I know her이란 표현은, 앞서 이순신 장군 이야기에서도 다루었던 바와 같이 Mariah Carey와 서로 잘 아는 사이라는 의미가 됩니다. 물론 정말 아는 사이라면 그렇게 표현해도 되지만요
자, 이럴 땐, 그냥 I know만 해도 됩니다. (Mariah Carey의 사진인 줄 나도 안다 라는 뜻이 되죠)

또는 I see라고 말하면 상대방에 대해 좀 더 배려하는 느낌의 맞장구가 되겠습니다. (아, 그렇구나 의 뜻이 되니까요)

그리고, 누군가를 개인적으로 알진 못해도 여러 가지 경로를 통해서 아는 바가 있다면 know about, 또는 know of를 사용해서 표현하는 것이 보다 자연스럽습니다.

I know of her, but I don't know her.
(그녀에 대해 들은 바는 있지만, 개인적으로는 잘 몰라)

78 만사 오케이는 없다.

여자친구와 백화점에 옷을 사러 갔습니다. 예쁘고 화사한 블라우스를 갈아입고 나와선 어떠냐고 물어봅니다.

How do I look?
It' okay.

내가 봐도 딱 어울린다는 생각에 오케이라고 대답했는데 여자 친구가 잠시 멀뚱한 표정을 짓더니 그 옷은 벗어버리고 다른 옷을 고르고 있습니다. 또 무엇이 잘못 되었을까요?

그 옷이 정말 괜찮았다면 It's okay는 적절하지 않은 표현입니다.

'뭐 그런대로 봐줄 만 하네' 이런 의미가 되기 때문이지요. 정말로 그저 그렇다면 몰라도, 예쁘고 괜찮다면

It's wonderful 정도는 했어야 합니다.

또는 great, marvelous, beautiful 같은 감탄사를 사용하거나,

I love it 같은 대답도 좋습니다.

okay는 질문에 대한 나의 상황을 고려해 보아 문제가 없을 경우 '괜찮아'라는 의미로 광범위하게 사용되는 표현이지요.

그렇지 않고 주관적인 평가가 포함된 답변이 요구되는 위 같은 질문의 경우에는 okay보다는 좀 더 구체적인 느낌을 주는 형용사를 사용하여 표현하는 것이 좋습니다.

맛있는 음식을 먹을 때도 마찬가지입니다.

맛이 어떠냐고 물어보는데 okay라고 대답하면 큰 실례입니다.

자기 집에서나 남의 집에서나 자기를 위해 음식을 만들어 준 사람에겐 맛을 떠나 칭찬을 해주는 자세가 필요하다고 봅니다. 정말 맛있다면 극찬을 해야 하고요. 하지만 후식으로 내온 커피의 물 온도가 어떠냐고 물어올 땐? 그땐 okay를 써야 합니다. 물 온도에 wonderful을 남발하면 아까 칭찬했던 것 모두 허풍이 됩니다.

9 친한 사이, 찐한 사이

미국에 간지 얼마 되지 않아 모든 것이 낯설고 두려운 나에게 친절히 대해준 Jenny라는 여학생이 있었습니다. 숙제도 도와주고 영어도 가르쳐 주면서 두 사람은 친하게 지냈답니다. 어느날 Jenny의 파티에 초대를 받아 그녀의 친구

들과도 인사를 나누며 즐거운 시간을 보내고 있는데….

누군가 우리 두 사람이 서로 사귀는 거냐고 물어와서 사귀는 건 아니고 그냥 아주 친한 사이라고 이야기하였습니다.

No, we're just very intimate friends
(아냐. 우린 그냥 아주 친한 친구 사이야)

그랬더니 이 말을 들은 친구들이 눈이 동그래져서 우리 두 사람을 번갈아 봅니다. 이것 역시 학창시절 열심히 단어만 외운 결과 입니다. (intimate = 친밀한, 의좋은)

친밀하다는 뜻은 물론 맞지만 위 문장은 상황에 따라 다분히 오해를 살 수 있는 표현입니다. '우린 (성적으로) 아주 가까운 관계지'라는 속 뜻이 담겨있기 때문입니다.

친한 친구라는 의미를 나타내고 싶을 땐 a close friend를 기억해 두시기 바랍니다. 이때 close의 발음은 형용사이기 때문에 '클로우스'입니다. 동사일 때만 '클로우즈'로 발음하지요.

사실 굳이 close를 붙이지 않아도 전혀 상관 없습니다. 우리는 그다지 친하지 않더라도 동급생이나 알고 지내는 동년배들을 일컬을 때에 친구라는 표현을 쓰지만 사실 영어에서는 Friend라는 단어 자체가 이미 '친한 사이'를 의미하기 때문입니다. 엄밀히 말하자면 영어의 Friend와 한국어의 친구는 그 개념과 범위에 있어서 확실한 차이가 있습니다.

누군가의 Friend라는 것은 흉금을 터놓고 지내는 가까운 존재라는 것입니다. 정말 친하지 않으면 같은 반 급우일지라도 쉽사리 my friend라고 불러 주지 않습니다. 그리고 우리처럼 나이가 같아야 한다는 전제도 없습니다. 그러다 보니 부모와 자식간에도 Friend라는 말을 사용하게 되는 것입니다.

You're my friend Dad.

이런 말을 자식에게서 듣게 된다면 대단히 기쁘고 감격스러워 합니다. 우리는 어떤가요?

"아빠가 니 친구야? 엉?"

노래를 잘 못하면 수치?

우리나라뿐만 아니라 미국에서도 Karaoke라고 하는 노래 반주기에 맞춰 즐겁게 노래를 부르는 모습을 어렵지 않게 볼 수 있습니다.

하지만 노래를 잘 못하는 사람들은 행여 내가 지목되지나 않을까 짐짓 불안해 하지요. 그러다 마이크를 건네 받게 되면 '아유 창피해서 못해요. 노래 정말 못해요' 라며 손사래를 치곤 합니다.

이럴 때 해당하는 표현 '창피하다'를 어떻게 영어로 할까요? 이때 만약 ashamed가 먼저 떠오르면 콩글리시입니다. I'm ashamed, ashamed…. 하면서 자꾸 마이크를 물리친다면 '이 친구는 노래 한 곡 하라는데 뭐가 그리 치욕스럽다는 거야?' 라고 생각을 하게 될지도 모릅니다.

ashamed는 비윤리적인 행동을 했거나 주변 사람들로부터 지탄받을 만한 큰 실수를 했을 경우 사용하는 단어로서 수치스러운, 치욕스러운 의 의미가 강합니다. 사람들 앞에 나서서 노래하는 것이 창피하다는 정도의 수준이라면

embarrassed를 사용하면 됩니다.

I'm embarrassed (창피해서요)

It's embarrassing (쑥스럽구만)

81 Do you have the time?

너무나 멋진 금발의 여성을 그냥 지나치자니 평생의 한으로 남을 것 같아 용기를 내어 말을 걸어 봅니다.

혹시 시간 좀 있으세요?

Excuse me. Do you have the time?

그러자 빠져들 것만 같은 파아란 호수같은 눈동자로 나를 바라보며 살짝 미소를 짓기까지 합니다. 올커니! 잘 됐구나하고 속으로 쾌재를 부르는 순간, 금발의 미녀가 이렇게 한마디 합니다.

It's three.

그리곤 휑하니 자리를 뜨는 게 아닌가요. 아…이건 도대체 무슨 일이지. 내가 세 번째로 말을 건 남자란 뜻인가?

가끔 이렇게 the를 넣는 바람에 전혀 다른 뜻이 되는 경우가 종종 있는데요. 시간 있냐는 질문을 하고 싶었다면 이렇게 했어야 합니다.

Do you have time?

Do you have the time? 은 '지금 몇 시 인가요?'라는 질문이 되는 것입니다.
3시라네요.

82 7살 미만은 공짜!

Admission for children under 7 is free.

놀이공원 앞에 적혀 있는 문구입니다. 아이가 마침 7살이라 무료 입장하려
는 순간! 7살은 입장권을 사야 한다는군요. 그렇습니다. under 7이란 말은
7살 미만을 뜻합니다. 7살은 포함되지 않기 때문에 6살까지 무료 입장인 것
입니다.

7살이 포함되는 7살 이하를 말할 땐

Children of 7 and under이라고 표시합니다.

7살이 포함되는 7살 이상을 말할 때에도 같은 원리입니다.

Children of 7 and over

Surprise me

아침에 출근하는 남편에게 아내가 이렇게 묻습니다.

Honey, what do you want for dinner?
(자기 오늘 저녁에 뭐 해줄까?)

딱히 생각나는 것도 없고, 아내의 요리솜씨가 사실 대단한 것도 아니어서 별로 기대되진 않지만, 밥이라도 얻어 먹으려면 뭐라도 한마디 해야 하는 순간입니다. 그럴 땐,

Surprise me (날 놀라게 해 줘)

구렁이 담 넘어 가듯 질문에 대한 정면 승부를 피할 수 있는 멋진 표현이 아닐 수 없습니다. 실생활에서 무던히도 많이 듣게 되는 표현입니다.

아내가 부부동반 모임에 어떤 옷을 입고 가면 좋을까 하고 전화로 하염없이 물어올 때 화내지 마시고,

Surprise me!

84 Fair enough.

Fair enough.

일상 회화에서 정말 많이 듣게 되는 표현 중의 하나입니다. 글자 그대로의 의미를 보자면 '충분히 공정한'의 뜻이지만, That's okay 혹은 that's all right 등과 같이 상대방의 의견에 동감을 표시할 때 많이 사용하는 표현입니다.

하지만 상대방의 의견에 대해 완전히 만족한 느낌이 아니라, 차라리 그냥 수긍하는 편이 이야기도 길어지지 않고 편할 것 같아 나도 특별히 이견은 없다라는 뉘앙스가 깔려 있다는 것을 알아두시기 바랍니다.

A: I think I'll go for a Coke (난 콜라 마실래)

B: It's bad for your health. Why don't you have a cup of milk? (건강에 안좋아. 우유한잔 마시는 게 어때?)

A: Fair enough (알았어 그럼.)

5 I'm not hungry hungry

I'm not hungry hungry.

hungry가 두 번 들어갔네요. 배가 정말 고프단 뜻일까요?

이 표현은 "배가 고프긴 한대 그다지 심하게 고프진 않아"라는 뜻을 가진 다분히 구어체적인 표현입니다. 부정문에서 형용사를 두 번 반복해서 사용하면 그다지 형용사 하지 않다라는 뜻이 되기 때문에 잘 기억해 두면 요긴하게 사용할 수 있습니다.

It's not cold cold (뭐 그다지 춥진 않네)
It's not bad bad (나쁘다더니 그 정도는 아니구만)

6 XYZ

XYZ

대체 무슨 뜻일까요?

여기에 해당하는 정확한 한국어 표현이 있습니다.

'남대문 열렸어요.'

실수로 앞섶 잠그는 것을 깜박하는 것, 누구나 많이 경험해 본 일인 것입니다.

우리는 남대문으로 표현하지만 미국 어린이들은 XYZ라고 합니다. 이는 eXamine Your Zipper 의 약자랍니다.

직역하면 '지퍼 점검하세요'라는 뜻이 됩니다. 아이들이 주로 사용하는 표현이니 참고만 하시길 바랍니다.

그렇다면 같은 의미를 가진 다른 표현 하나 더 알아보도록 하죠.

Your fly is open

Fly에는 여러 가지 뜻이 있습니다. 우리가 잘 알고 있는 파리도 있고, '날다'라는 동사도 있죠. 그리고 양복 바지의 단추를 덮는 덮개를 Fly라고 하는데 바로 여기에 해당하는 의미가 되겠습니다. 글자 그대로 '앞섶 열렸어요'라는 뜻이 됩니다.

87 One Mississippi

미 대륙에서 가장 길면서 세계에서 세 번째로 긴 강의 이름은? 정답은 미시시피 강입니다. 미국에서는 이 강의 이름을 초 단위 카운트에 사용하고 있습니다.

One Mississippi, two Mississippi, three Mississippi, four Mississippi, five Mississippi.

미시시피의 발음이 약간 까다로운 터라 이를 포함해서 숫자를 세면 거의 1초

정도 걸리는 특성을 잘 살린 표현이라 할 수 있지요.

특히 동네 미식축구나, 아이들이 숨바꼭질(hide and seek) 할 때 많이 사용되고 있습니다.

8 Fiveish? Sevenish?

우리 말에도 대략 몇 시쯤이란 말이 있죠.

약속 시간 따위를 정확하게 결정짓지 못하고, 5시 전후, 7시쯤에 해당하는 표현을 하려면 숫자 뒤에 -ish를 붙이면 됩니다.

When are you coming to pick me up? (나 데리러 언제 와?)
Well, let's see, sevenish? (글쎄 보자, 한 일곱 시쯤?)

9 That's the ticket!

친구에게 심심하니 영화나 보러 가자고 했더니
That's the ticket. 이라고 합니다. 자기가 티켓이 있다는 말일까요?

이것은 상대방의 말에 맞장구 칠 때 사용하는 표현입니다.
바라던 바야! 또는 바로 그거야!

가까운 사람끼리 사용하면 좋은 맞장구 표현 몇 가지 더 알아볼까요?

That's just what I needed. (그게 바로 내가 원하던 거야)

That's it. (바로 그거야)

That hits the spot. (이거 딱 인걸)

That fits the bill. (제격인데?)

Bingo! (올커니!)

10 bucks says

10 bucks says, it'll rain tomorrow.

(10 달러가 말 하기를, 내일 비 온대)

10달러가 말을 하다니, 도대체 무슨 말일까요?

내일 비가 오는 것에 그만큼 확신한다는 의미를 나타내는 표현입니다. 내일 비가 내리지 않으면 10불 줄게 라는 말이죠. 미드 Friends에서 Chandler가 Rachel의 장바구니에 들어있는 물건을 보지도 않고 맞추면서 이렇게 이야기 합니다.

Chandler: 10 bucks says, we can name every items in that bag

Rachel: How many guesses do you get?

Joey: Six.

Ross: Challenge extended.

Monica: Deal!

챈들러: 우리가 그 바구니 속에 있는 물건을 모두 맞추는 것에 10불 걸 수 있어.

레이첼: 몇 번 안에 맞출 수 있는데?

조이: 여섯번 안에 맞추지 (가방 안의 물건은 총 5개가 있습니다)

로스: 도전 들어왔습니다.

모니카: 내기 오케이!

1 Who's your daddy?

Who's your daddy?

직역으로는 네 아빠는 누구니?의 뜻이지만,

내가 상대방보다 더 강한 존재임을 과시할 때 으스대며 사용하는 말이기도 합니다. 게임에서 이긴 후 상대방을 약 올리면서 이 표현을 사용하는 모습을 가끔 볼 수 있기도 합니다.

'넌 나한테 못 당해' 정도가 적절한 번역이라 할 수 있겠네요.

2 who cut the cheese?

Who cut the cheese?

직역으로는 "누가 치즈를 잘라났어?"가 되겠습니다.

그런데 치즈를 자르면 약간 고약한 냄새가 나죠? 거기에 빗대어 나온 표현이 되겠습니다. 즉, 누가 방귀 뀐거야? 라는 말이지요. 회화체에서 많이 사용하는 표현이지만 친한 사이에서 눈치껏 사용하시기 바랍니다.

다른 표현으로는 fart(방귀를 뀌다) 동사가 있긴 하지만 이것 역시 직설적인 단어입니다. 보다 점잖게 표현하고 싶다면 to break wind를 사용하면 됩니다.

Did you break wind?

(네가 방귀 뀐 거야?)

I'm sorry, I cracked a fart

(미안. 내가 방귀 뀌었어)

3 He's a buttinsky

He is a buttinsky.

그는 버틴스키다.

위 예문에서 보자면 buttinsky가 소문자인데다 앞에 관사 a가 있는 걸로 미루어 사람 이름은 아닌데도 마치 러시아 사람의 이름처럼 들립니다. 이 단어는 우리말로 '나서기 좋아하는 사람' 즉 '참견쟁이'의 뜻이랍니다. 어떻게 해서 이런 뜻이 되는지 알아보도록 하겠습니다.

우선 butt는 엉덩이라는 뜻을 가진 구어체 표현입니다. 이것이 동사로 사용되면 참견하다, 새치기하다의 뜻이 됩니다. 그래서 '새치기 하지 마세요'라는 영어 표현은 Don't butt in line이라고도 합니다. 줄을 서 있는 사람들 사이에 엉덩이를 슬쩍 들이 미는 모양새를 빗대어 표현한 것이지요. 이처럼 새치기를 하거나, 어떤 일에 참견한다는 뜻을 가진 동사구 'butt in'에 sky를 붙여 마치 사람 이름처럼 만든 단어입니다.

개그콘서트의 발레리노에서 박성광씨가 성광스키인 것도 같은 이유가 될 수 있겠네요.

나도 미국 발음 된다

영어를 잘 하는 사람이라고 하면 정연한 논리로 자신의 생각을 영어로 잘 표현할 수 있는 사람을 말하지만, 만약 발음이 좋지 않으면 왠지 평가 절하되는 것이 현실입니다. 실제로도 영어 발음이 좋은 사람들은 영어에 대한 만족도와 자신감이 높기 때문에 영어를 보다 더 잘 할 수 있는 위치에 있기도 합니다. 다행히 우리 한국인들은 한국어의 다양한 발음 덕분에 웬만한 언어는 특별한 훈련 없이 대부분 발음이 가능합니다.

심지어 R과 L이 붙어있는 발음, 즉 girl, world 같은 까다로운 발음이나 중국어의 혀를 말아 발음하는 권설음(捲舌音 retro-flex consonant)조차도 발성 원리를 이해하고 연습만 한다면 누구나 가능하기 때문에 자신의 영어 발음이 나쁘다고 낙담할 필요는 없습니다. 한국사람은 누구나 좋은 영어 발음을 할 수 있습니다.

인도와 파키스탄 지역의 신디어(Sindhi)는 들숨, 즉 숨을 들이쉬면서 발음하기 때문에 말 그대로 숨 넘어가는 소리를 하게 됩니다. 그렇게 어려운 발음을 하고 사는 사람들도 있는데 영어 발음은 거기에 비하면 어렵다고 할 순 없지요.

좋은 영어 발음은 자신감을 심어주는 데 큰 역할을 합니다.

미국 영어 발음은 어떻게 하는지 여러 가지 이야기들을 통해 알아보도록 하겠습니다.

4 미국사람이 한국말 하듯 발음하면 된다

See you next time!

씨 유 넥스트 타임

한글 표기대로 모든 발음을 유성음으로 또렷이 발음하면 오히려 더욱 어색합니다. 이럴 때는 어떻게 해야 할까요?

next time처럼 앞 단어의 종성이 다음 단어의 초성과 겹칠 경우 앞 단어의 종성을 탈락시키면 됩니다.

씨 유 넥스타임

이처럼 next의 '트(t)'를 탈락시키면 보다 수월하게 발음할 수 있고 또, 부드럽게 들립니다.

종성 탈락의 재미있는 예를 알아봅니다.

미국인들에게 다음과 같은 한글 발음을 해보라고 하면,

학교는 하교로, 언니는 어니로 발음하는 것을 알 수 있습니다.

즉, 겹치는 앞 자음을 탈락시키는 습관이 있다는 것을 알 수 있지요. 이렇듯 연결되어 중복되는 같은 발음은 과감하게 하나를 버려도 좋습니다.

이를테면,

a famous star (어 페이머 스타)

a pink carnation (어 핑 카네이션)

5 tongue twister에 도전해 보자.

Tongue twister란 글자 그대로 혀가 꼬이는 발음을 말합니다.

우리 말의 '중앙청 창살 쌍창살'이나 '왕밤빵' 같은 것들이 그 예가 되겠네요. tongue twister는 재미도 있지만, 특정 발음을 좋아지게 하는 효과도 있습니다. 빨리 발음하는 데에만 치중하지 말고 정확하게 발음하는 것에 집중해서 도전해 보시길 바랍니다.

영어 발음 향상에 확실히 도움이 됩니다.

F, W 발음을 위한 tongue twister

Fuzzy Wuzzy was a bear, Fuzzy Wuzzy had no hair, Fuzzy Wuzzy wasn't fuzzy, was he?

P 발음을 위한 tongue twister

Peter Piper picked a peck of pickled peppers. A peck of pickled peppers

Peter Piper picked. If Peter Piper picked a peck of pickled peppers, How many peppers did Peter Piper pick?

V 발음을 위한 tongue twister

Vincent vowed vengeance very viciously.

S, Sh 발음을 위한 tongue twister

She sells seashells by the seashore. The shells she sells are surely seashells. So if she sells shells on the seashore, I'm sure she sells seashore shells.

W, ed 발음을 위한 tongue twister

Which witch wished which wicked wish?

6 버터가 맞을까 버러가 맞을까.

물론 버터(butter)를 미국인들이 '버러'라고 발음하는 사실은 잘 알고 있지요. 그런데 우리도 그렇게 발음해야 할까요?

제 생각엔 '그래야 한다'입니다.
이를 테면 '겉절이'라는 반찬을 우리도 '겉. 절. 이' 라고 발음하지는 않지요. '것쩌리'로 발음합니다. 중요한 것은 왜 '버러'로 발음하는가 하는 것입니다. 물론 정확하게는 '버러'도 아닙니다. '버럽'에 더 가까운 발음이지요.

하여간 T 를 R 로 발음하는 이유가 무엇일까요?

T 사운드는 발음할 때 다른 발음에 비해 많은 호흡이 소모됩니다. 그래서 간소, 편리를 지향하는 언어의 경제적 방향성을 보더라도 R 발음으로 가는 것은 자연스러운 현상이라 할 수 있습니다. 이렇게 T가 R로 발음이 나는 것을 Flap 현상이라 합니다. 물론 무조건 R로 발음하는 것은 아니지요. 강모음과 약모음 사이에서 특히 R 발음이 납니다.

water, writer, better, political, meeting…
워러, 롸이러, 베러, 폴리리컬, 미링…

그렇지 않은 경우, 즉 2음절에 강세가 있는 potential 은 T 사운드가 온전히 살아 있습니다. '포렌셜'이라고는 하지 않지요.

그리고, 단어 내에서 강한 발음 다음에 T가 나올 때에도 Flap 현상은 나타납니다.
poverty (파버리)
1음절 Po에 강세가 있지만 ver 라는 강한 발음, 즉 제대로 발음하기 위해 힘을 들여야 하는 발음이 또 앞에 있기 때문에 뒤에 오는 ty는 'ry'와 같이 flap 되는 것입니다.

미국 영어를 익히고자 한다면 앞으로 T 발음에 버러를 바르는 것을 긍정적으로 받아들이시길 바랍니다.

버터가 '버러'가 되었으면 이제 Bread and butter 발음을 해 볼까요?

7 Bread and butter 발음하기

브레드 앤드 버터

또박또박 모든 음소를 발음해서는 안되겠죠. 마치 '됩니다'를 발음할 때 '됩. 니.다' 라고 발음하면 너무 딱딱하고 어색합니다. 소리 나는 대로 '됨미다' 해야 자연스럽습니다.

그렇다면 '브레드 앤드 버터'는
브렌은 버러 라고 발음을 해 보세요.

발음하기에도 수월하고 훨씬 자연스럽게 들립니다.

미국인들이 영국인들에 비해 발음을 더 굴리는 이유는 단지 굴리는 것이 편하다고 느끼기 때문에 그렇습니다. 어색하다 생각하지 말고 굴릴 수 있으면 굴려야 합니다. Listening에도 확실히 도움이 됩니다.

그렇다고 영어에 무작정 한글 발음법칙을 적용시켜서는 안됩니다.
You make me happy
'유 메익ㅋ 미' 부분을 편하게 굴린답시고 '유 메잉미'라고 한다면 더없이 촌스러운 발음이 됩니다.
'쌩유'와 같은 영어가 되지요.

8 스카이가 아니라 스까이인 이유

S 다음에 오는 c, k, q, ch, t, p 등의 발음은 ㄲ, ㄸ, ㅃ 같이
원래의 음가보다 좀 더 경음화된 발음을 합니다.

한번 해 볼까요?

student : 스튜던트가 아니라, 스뜌던트 (물론 '스', '트'는 '으'음이 들리지 않
는 무성음입니다)'

spin 스삔

sports 스뽀츠

sky 스까이

이렇듯 경음화 현상 역시 마찬가지로 호흡이 새나가는 것을 막기 위한 자연스
런 현상이라 할 수 있습니다. 일종의 에너지 절약의 법칙이지요. 예를 들어
카카카카 발음과 까까까까 발음을 숨을 한번 들이쉬고 각각 최대한 몇 번 할
수 있는지 자가 테스트 해보면 금방 알 수 있습니다. 스타트보단, 스빠트. 스
포츠보단 스뽀츠로 발음하는 것이 호흡을 적게 소모하면서 좀 더 편하게 발음
할 수 있습니다. 이러한 발음 습관을 Fortis 현상이라고 하는데 아래 단어들을
통해 한번 익혀 보시기 바랍니다.

Start, squirrel, people, stand, nostril, sports, April, Apple, rocket, strong,
ticket, Michael, store, speak, student.

9 R 과 L 발음 제대로 하기

R과 L 발음은 사실 전혀 어려운 발음이 아님에도 불구하고 우리나라 사람들이 많이 어려워하고 실제로 영어를 말할 때 자주 실수하는 발음입니다.

우리말에 쌍리을(ㄹㄹ)만 있었어도 확실히 구별해서 표기했었을 텐데 현대 한 글표기로는 이제 구분이 안되기 때문에 가끔 혼돈하는 경우가 있습니다. 그렇 지만 이처럼 실수가 아니라, 실제로 R, L 발음이 물리적으로 잘 안 되는 분들 도 많이 있습니다. 그런 분들을 위해 간단한 처방 들어갑니다.

R로 시작되는 발음은 단어 앞에 '우'자를 붙여 읽으면 간단히 해결됩니다. ,

Run   →   우런

Rain   →   우레인

Rub   →   우러브

Right   →   우롸잍트

점차 익숙해 지면 '우'의 소리는 내지 말고 먼저 입 모양만 유지한 다음 본 발음 을 합니다.

L로 시작되는 발음은 단어 앞에 '을'자를 붙여서 발음해 보세요.

Learn   →   을러어언

Lane   →   을레인

Love   →   을러브

Light   →   을라잍트

마찬가지로 차츰 익숙해지면 '을' 발음의 소리는 거의 내지 않도록 합니다.

100 P와 F 발음 제대로 하기

P와 F 발음. 결코 어려운 발음이 아니지만 한국어에서는 'ㅍ, ㅎ'으로만 표기할 수밖에 없어 소리를 내는 데 어려워하는 사람들도 많이 있습니다.

그리고 발음을 하는 사람들조차 영어로 읽을 땐 틀리지 않더라도, 한글로 적힌 영어 단어에는 가끔 실수들을 합니다.
프라이팬인지, 후라이휀인지… 굳이 말하자면 후라이팬에 가깝죠. (잠깐, 이것도 사실은 콩글리시. 정확한 단어는 frying pan입니다)

문제는 F 발음에 해당하는 한글이 정확하게 없다는 것인데, 사실 제대로 구별해서 사용하지 않으면 여러 가지 오해 살 일이 생길 수 있으니 특히 영어로 대화를 할 때는 반드시 정확하게 사용해야 합니다. '페이스(pace) 조절 잘 하라는 말이 face가 되어 표정관리 잘 하라는 말로 들릴 때도 있습니다. 팬클럽(Fan club)이 작가 모임(Pen club)처럼 들릴 수도 있습니다.

발음 자체는 어렵지 않으니 꾸준한 연습을 통해 충분히 익숙해지도록 합니다.

'P' 발음하는 방법
양 입술을 우선 붙입니다.
이때 혀의 위치는 P로 시작하는 단어에 따라 달라질 수 있지요.

여기서 중요한 것은 **성대를 울리지 않는다는 것**입니다. 목에 손을 가볍게 가져다 대고 떨림이 없도록 확인하면서 발음해 보시기 바랍니다.

입 속의 공기를 입 밖으로 내 보낼 때 입술을 가볍게 터뜨리며 한꺼번에 '퍼' 하고 내보내는 소리가 'P' 사운드입니다.

※ 'P'와 'B' 발음의 차이가 바로 여기에 있습니다. 성대가 울리지 않으면 P, 울리면 B입니다.

'F' 발음하는 방법

아랫 입술의 안쪽 부분이 윗니에 가볍게 접촉하면서 약간 오므려집니다.

'F' 발음도 역시 성대를 울리지 않는 무성음입니다.

비강으로 연결되는 '구개인두폐쇄' 부분은 닫혀 있습니다. 코로 숨이 새어나가지 않는다면 잘 되고 있는 것이니 이는 크게 신경 쓰지 않아도 상관없습니다.

아랫입술과 윗니의 사이로 공기를 밀어낼 때 마찰음을 일으키는데 이때 나오는 소리가 바로 'F' 발음입니다.

자 연습해 볼까요?

Pan Fan Pace Face Peel Feel Pride Fried

특히 한글에 없는 F는 평소에도 꾸준히 습관을 들여야 유사시에 일어나는 실수를 피할 수 있습니다. 아랫입술을 윗니에 붙여 열심히 F! F! F!

101 θ와 ð 발음 제대로 하기

'th' 발음은 세 가지입니다.

번데기 발음인 'θ', 올챙이 발음인 'ð'. 그리고 영어 이름인 'Thomas'에서 처럼 그냥 'T'로 발음하는 경우도 있습니다.

번데기와 올챙이 발음은 한글로 표시할 방법이 없네요. 번데기는 뜨, 올챙이는 드?

두 발음의 차이점은 아주 간단합니다.

일단 둘 다 혀와 윗니의 접촉을 통해 나오는 발음입니다. 모두 혀 끝이 아래위 치아 사이에 물리거나 윗니의 뒷부분에 붙인 상태에서 시작됩니다.

하지만, 번데기 발음 'θ'는 성대가 울리지 않고, 올챙이 발음 'ð'는 성대가 울린다는 것입니다.

연습해 볼까요?

θ 번데기 발음

thing, theme, month, with, tooth, thin, nothing.

ð 올챙이 발음

they, that, weather, smooth, mother, together.

이제 '스무스하게 넘어갔다' 이렇게 발음하면 안되겠죠?

102 영어 끝소리 대충 하면 안 되는 이유

다음은 word endings에 대해 알아봅니다.

단어의 끝부분까지 명확하게 발음을 해야 정확한 의사소통이 되는데 비영어권 사람들은 무심코 발음을 하는 경향이 많습니다.

이를 테면, 무성음을 유성음화 해서 발음을 끈다거나, 우리나라의 받침마냥 닫힌 소리로 끝맺어 버리는 발음 습관이 바로 그것입니다.

'Type'이라는 쉬운 단어도 정확하게 발음하는 한국사람은 많지 않습니다. 충분히 발음할 수 있는 데도 말이죠. 대부분 '타입'으로 발음을 하고 있지요. 원어민과의 발음 차이가 바로 여기 끝소리(Final sound)에도 존재하고 있습니다.

원어민은 '타잎ㅍ'로 발음 합니다. 맨끝 'ㅍ' 발음은 입 속의 공기가 밖으로 밀려나오면서 양 입술이 벌어질 때 생기는 가벼운 파열음입니다. 그렇다고 '프으~'라는 유성음이 되어서는 안됩니다. 그 까짓 끝소리가 뭐가 대수냐고 하지 말고 명확한 의사소통을 위해 정확하고 깔끔한 발음을 낼 수 있도록 반드시 신경을 써야 할 부분입니다. 끝발음을 소홀히 하게 될 경우 다음과 같은 단어들이 의사소통에 어떤 영향을 줄 지 생각하면서 발음 연습을 해 보시기 바랍니다.

cap cab / mop mob / send sent / crap crab

103 세련된 'Q' 발음을 위하여

퀵서비스의 영향 탓일까요?

Quick을 글자 그대로 '퀵'으로 발음하는 사람들이 많습니다. 물론 의사소통에 별 지장 없는 발음이긴 합니다.

하지만 이렇게 발음 난이도가 낮은 단어일수록 대충 발음하지 말고 좀 더 세련된 발음을 해 보는 건 어떨까요?

세련된 Q발음은 다음과 같습니다.

Quick : 퀵 → 쿠익ㅋ

Quickly : 퀵클리 → 쿠익끌리

Question : 퀘스천 → 쿠에스션

104 알고도 들리지 않는 could have been

다음은 회화체에서 무던히도 많이 나오는 표현들 중 발음이 만만치 않은 것들 3가지입니다.

could have been (할 수 있었는데)

should have been (해야만 했는데)

would have been (했을 텐데)

위 표현의 원어민들 발음은 우리와 사뭇 다릅니다. 하지만, 어렵지 않으니 우리도 연습하면 똑같이 따라 할 수 있습니다. 또한 이 표현들은 그렇게 해야만 제대로 들을 수 있습니다.

미국 원어민들은 실생활에 거의 아래 (3)번 정도의 발음을 구사하고 있습니다.

(1)		(2)		(3)
could have been	→	could've been	→	coulda been
(쿠드 해브 빈)		(쿠릅 빈)		(쿠러 빈)
should have been	→	should've been	→	shoulda been
(슈드 해브 빈)		(슈릅 빈)		(슈러 빈)
would have been	→	would've been	→	woulda been
(우드 해브 빈)		(우릅 빈)		(우러 빈)

105 배드와 베드는 다른 발음

사실 bad와 bed는 그 뜻만큼이나 발음이 다른 단어입니다. 한글로 배드, 베드라고 쓰다 보니 대충 같은 것이리라 생각할 수 있겠지만 원어민 발음으로는 확실히 구별되는 두 단어입니다. bad는 [bæd]이며, 입 모양을 크게 벌리면서 발음합니다. bed보다 약간 장음입니다.

bed는 [bed]이며, 좀 더 입 모양이 좀 더 옆으로 벌어집니다. 그리고 bad 의 b

보다 좀 더 강한 소리가 납니다. 사소한 차이라고 결코 무시해서는 안 됩니다. 원어민 발음으로도 똑같이 들린다면 구별이 될 때까지 계속 들어야 합니다.

106 B는 'ㅂ' 발음이 아니다

B는 'ㅂ' 발음이 아니라니 이게 웬 자다가 봉창 두드리는 소린가 하겠지만, 엄밀히 얘기하자면 한글의 비읍 소리가 항상 영어의 B와 일치하는 것은 아니라는 뜻입니다.

부산을 예로 들어봅니다. 부산을 표기할 때 Busan이 아니라 왜 Pusan으로 표시할까요?
부산처럼 'ㅂ' 이 단어의 초성으로 올 때는 파열음이 되므로 외국인의 귀에는 푸산으로 들리기 때문입니다.
부산의 'ㅂ' 과 가방의 'ㅂ' 소리는 다릅니다.

영어의 B사운드는 '가방'의 'ㅂ'에 가까운, 보다 부드러운 발음입니다.

107 food와 foot는 다르다

food와 foot.
두 단어의 발음기호를 사전에서 찾아보면

food[fuːd] 와 foot[fut]입니다.

즉, food는 '우'를 길게 발음하고 foot를 '우'를 짧게 발음합니다.

하지만 이게 다가 아닙니다. 두 단어 모두 '우'가 들어가기 때문에 끝 발음만 다른 같은 발음법으로 보일 수 있지만, food는 입술을 쭉 빼면서 내는 강한 '우' 발음이고, foot는 '우'도 아닌 '으'도 아닌 그 중간쯤의 좀더 약한 발음입니다. 물론 짧게 발음해야 하구요.

이렇게 짧고 약한 아래 foot류의 발음들을 한번씩 연습해 보시기 바랍니다.

foot / took / cook / good / look

8 the는 언제 '디'로 발음할까?

단어의 첫 글자가 a, e, i, o, u처럼 모음으로 발음이 되면, 정관사 the 는 '디'로 발음을 해야 한다고 배웠을 겁니다. 하지만 특정 단어를 강조할 때에도 '디'로 발음하는 경우를 많이 볼 수 있습니다. 그럴 때엔 오히려 '디'를 더 강조해서 발음하게 되지요. 사실 모음 앞에서 반드시 '디'를 사용해야 한다는 규칙은 없습니다. 언어 습관이 그러하니 따르는 것일 뿐입니다.

'디'로 발음하는 경우는 딱 두 가지입니다.

첫째, 특정 단어를 강조하고 싶을 때나
둘째, 그냥 내가 그렇게 하고 싶을 때

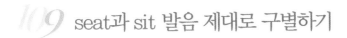

seat과 sit 발음 제대로 구별하기

앞서 설명한대로 foot과 food가 다르듯이 seat과 sit 발음도 장, 단음 이상의 차이가 있습니다. 한글로 seat (시~트), sit (시트) 로 표기해서는 올바른 발음을 알 길이 없습니다.

정확한 발음법은 다음과 같습니다.

seat는 '씨'를 sit보다는 조금 더 길게 발음 하면서 '트'를 가볍게 마무리하는 것입니다. 당연히 '트'는 성대가 떨리지 않는 무성음이니 '으' 발음이 들어가서는 안되겠지요. 아래윗니 사이에 혀를 살짝 넣었다가 빼는 압력에 의해 살짝 터져 나오는 가벼운 'ㅌ' 소리면 충분합니다.

문제는 sit 발음입니다.

seat보다 짧은 발음이라고 해서 단순히 '씰' 하고 끝낼 일이 아닙니다. sit에서의 'i'는 '이'와 '애'의 중간음입니다. 입안에서 혀의 위치가 seat 발음 때보다 약간 아래로 내려온 상태에서 발음합니다. 입도 seat보다는 옆으로 덜 벌어진 상태가 되지요. 그 상태에서 짧게 발음하고, 항상 강조하듯 반드시 끝발음 't' 사운드도 잊어서는 안됩니다.

반대로 발음하는 walk와 work

워킹 투어, 워킹 맘

한글로는 같은 워킹이지만 전혀 다른 뜻이지요.

영어로는 확연히 다른 발음임에도 불구하고 한글 표기에 얽매어 있다 보니 제대로 발음을 못하고 오히려 두 단어의 발음을 서로 반대로 하는 경우를 자주 보게 됩니다.

최대한 제대로 구별할 수 있는 간단한 방법으로,
walk는 **우억크** 또는 **우옥크** 라고 발음합니다. 현재 진행형은 **우오낑** (walking)으로 발음합니다.

work는 차라리 **월크**로 발음하면 됩니다. '월'의 ㄹ 부분은 R발음이니 월요일의 월 하듯 하지 말고 종성 직전에 약간 혀가 구르는 느낌으로 발음합니다. 현재 진행형은 **월낑**에 가까운 발음입니다.

11 시애틀의 잠 못 이루는 밤

Happy라는 형용사에 명사를 만드는 접미어 ness가 붙으면 Happiness라는 추상명사가 되지요.
그런데 이 발음의 한글 표기가 '해피니스'이다 보니 대부분의 '~ness' 발음을 '~니스'라고 많이들 합니다.
원어민에 가장 가까운 발음은 해피네스입니다. 일부러 '네' 하고 지나치게 정확히 할 필요는 없지만 '니'보다는 '네'에 가깝게 발음해야 합니다.

~less도 마찬가지 입니다. Sleepless in Seattle (시애틀의 잠 못 이루는 밤)

은 '슬립리스'가 아니라 '슬맆을레스'입니다.

주의해서 발음 해 보도록 합니다.

Kindness sadness Goodness   Highness   darkness
Soundless   careless   fatless   harmless   pointless

12 연음 종결자

Friends에서 나오는 표현입니다.

Ross가 자신을 사랑하고 있다는 것을 결국 알게 된 Rachel이 Ross를 만나러 공항에 가겠다고 하자, Monica가 Rachel에게 이런 질문을 합니다.

What are you going to say to him?

간단한 표현이지만 연음이 많아 초급자들에겐 쉽게 잘 들리지 않는 표현 중의 하나이지요.

어떻게 연음이 되는지 잘 알아야 비로소 들을 수 있고 또 그렇게 발음할 수 있어야 합니다.

"왓. 아유. 고잉. 투. 쎄이. 투. 힘?"
이런 발음을 모니카는 이렇게 발음하지요.

"와러유고너**쎄이**루음"

강세는 '쎄이'에 있습니다. 그리고, 'to him'은 대부분의 상황에서 '루음'으로 약화된다는 것도 알아두시기 바랍니다.

전치사나 대명사는 리듬영어에서 이렇듯 약한 발음으로 넘어가기 때문에 잘 안 들리지요. 그렇기 때문에 이를 잘 들을 수 있는 방법은 평소에 많이 듣고 스스로도 연음 발음을 많이 연습해두는 것밖에 없습니다.

13 좋은 발음을 위한 팁

좋은 발음을 가지고자 한다면 어떻게 해야 할까요?
우선 발음을 구성하고 있는 네 가지 요소에 대해 알아 봅니다.

발음을 구성하고 있는 요소에는,
음소의 발음(pronunciation), 강세(stress), 음조(intonation), 연음 (liaison)이 있습니다.

위 4가지 요소가 믹스되어 소리로 공명되어 나올 때 개인마다 차이가 있는데 이를 억양(accent)라고 하지요.

좀 더 자세히 살펴보자면,
발음(pronunciation)은 P와 F, L과 R, B와 V 등의 음소를 잘 구별하면서 이처럼 파닉스(Phonics)가 포함된 **단어 자체의 발음**을 말합니다. 즉, heritage를 '헤리티쥐'라고 소리 내어 말하는 것을 의미합니다.

강세(stress)는 '헤리티쥐'의 '헤'에서처럼 **단어의 특정 부분에 강세를 두고 말**하는 것입니다.

음조(intonation)는 It's good to see you. 의 문장에서 see에서 음조가 올라가고 you에서 내려오는 **문장 전체의 높낮이**를 말합니다.

연음(liaison)은 I should have been there 을 '아이 슈러빈 네얼'처럼 **발음을 부드럽게 연결하는 것**입니다.

그래서 좋은 발음이란
위 accent의 구성 요소가 빠짐없이 조화롭게 어우러진 상태라고 할 수 있습니다.
(이 책 내용의 liaison은 미국 발음 기준입니다)

그렇다면 어떻게 해야 좋은 accent를 가질 수 있을까요?

그것은 바로,
원어민 발음을 아기가 엄마 따라 하듯 끊임없이 흉내를 내는 것입니다. 그리고 발음의 네 가지 구성 요소를 따로 연습하는 것은 더 힘들기만 하고 별 효과가 없습니다. 동시에 익히는 방법을 사용해야 합니다.

추천하고 싶은 방법은,

영어공부에 적절한 미드나 영화를 한편 선택하여 '좋은 대사' 혹은 '발음하기 힘든 대사'를 발췌하여 집중적으로 흉내를 내는 것입니다.

특히 발음하기 힘든 대사는 혀에 기억시킨다는 각오로 최소한 100번 이상은 흉내를 내야만 합니다.

그냥 따라 하는 것이 아니라, 반드시 흉내를 내야만 효과가 큽니다.

음색(여자면 여자, 남자면 남자 목소리로), 말투, 속도, 높낮이, 심지어 더듬는 것까지 흉내를 내야 합니다.

그리고 CNN같은 뉴스의 앵커보다는 배우를 흉내 내는 것이 실제 사용하는 데 있어서 훨씬 효과가 높습니다.

그리하여 배우의 발성 속도와 같아진다면 위 accent의 구성 요소가 얼마나 충족되었는지 다시 한 번 확인해 보시기 바랍니다.

영어고민 해결사 **엉클잭** 의 **XYZ**

부록 미드로 영어공부하는 방법

- 미드, 80%는 누구나 이미 알고 있는 단어
- 왕초보는 아니다! 미드로 영어를 즐기는 방법
- 영어실력은 중간! 미드로 영어를 즐기는 방법
- 영어 좀 한다! 미드로 영어를 즐기는 방법
- 엉클잭이 추천하는 재미있는 미드 10편
- 엉클잭이 추천하는 공부하기 좋은 미드 10편

미드,
80%는 누구나 이미 알고 있는 단어

자막 없이 미드를 즐길 수 있다면 얼마나 좋을까요?

사실 아무리 훌륭한 번역일지라도 자막만으로는 결코 미드를 100퍼센트 이해할 수 없습니다. 그들의 '말'을 통한 감정 코드와 관습, 관용어, 문화적 배경을 이해하지 않고서는 작가의 의도를 한번에 캐치하거나 원어민 시청자와 똑같은 감정을 느끼기란 대단히 어렵다는 것이지요. 자막을 보지 않고도 배우들의 말 한마디 한마디에 웃고 울고, 한국 드라마를 보듯 스토리 진행을 따라가며 감동받고 비판하고 예측하기도 하면서 감상할 수 있다면 참 좋을 것입니다.

하지만 그것이 꿈 같은 이야기일까요?

자막 없이는 절반은커녕 20퍼센트도 못 알아듣겠다는 분들이 대부분인가요?

그러나 알고 보면 그 반대라는 사실!

눈 가리고 아웅이 아닌, 실제 수치로 증명해 보이는 나도 미처 몰랐던 숨겨진 나의 영어실력을 이제 함께 알아보도록 합니다.

보다 많은 분들이 이해를 돕기 위해 널리 알려진 시트콤 'Friends'를 통하여 보석을 해 봅니다.

분석 자료   Friends 시즌 1 에피소드 1편

(The one with Monica get a new roommate)

러닝 타임   29분 38초

총 단어 수   3,419개 (단, 단어중복을 제외하면 622개)

3,419개 단어 가운데 가장 많이 차지하는 품사는 동사(28.7%), 대명사(17.0%), 명사 (14.5%) 순으로 나타났으며, 전체 현황은 다음과 같습니다.

품 사	등장 횟수	백분율
동 사	980	28.7%
대명사	580	17.0%
명 사	495	14.5%
부 사	417	12.2%
한정사	328	9.6%
전치사	205	6.0%
형용사	174	5.1%
감탄사	136	4.0%
접속사	104	3.0%
총 계	3,419	100.0%

분석 자료에서 3,419개의 단어 중에서 가장 많이 사용된 단어 10가지는 무엇일까요?

미드는 대화문이다 보니 아무래도 I와 You가 가장 많이 사용됩니다.

각각 6.4%와 4.6%로 합하면 두 개의 단어만으로도 전체 단어 중 11%를 차지합니다.

그 외 어떤 단어들이 Top 10을 차지하고 있는지 다음의 표를 통하여 확인해 보시기 바랍니다.

순위	단어	등장 횟수	백분율
1	I	219	6.4%
2	you	158	4.6%
3	is	126	3.7%
4	a	90	2.6%
5	to	75	2.2%
6	it	73	2.1%
7	not	72	2.1%
8	do	70	2.0%
9	and	69	2.0%
10	the	57	1.7%
계	총 3,419	1,009	29.5%

어떤가요? 깜짝 놀랄만한 사실이 아닐 수 없습니다.

I, you, is, a, to, it, not, do, and, the 열 개의 단어 중에서 모르는 단어가 하나라도 있나요?

이 쉬운 단어들이 전체 단어의 약 30%를 차지하고 있다는 것은 미처 생각지 못했던 고무적인 사실일 것입니다.

그렇다면 이미 30%는 다 아는 단어라는 것.

보다 유의미한 결론을 도출하기 위해 가장 중요한 4대 품사 (명사, 동사, 형용사, 부사) 별로 어떤 단어들이 등장했는지 알아보도록 하겠습니다.

가장 많이 등장한 30개의 명사는 다음과 같습니다.

all, guy, God, thing, date, coffee, everybody, now, something, one, woman, anything, job, four, life, night, shoe, such, time, today, wine, year, boy, Daddy, day, Morning, spoon, stairs, tonight, two

위에 나열된 순으로 많이 사용되었으며, 본 미드에 249개의 명사가 총 495번 사용되었는데 위 30개의 동사만 194번 등장하여 전체 명사 사용 횟수 중 사용 빈도는 39.2%에 달합니다. 이 수치가 의미하는 바는 위 30개의 단어만 알아도 본 미드에 나오는 명사를 약 40%는 이미 알고 있다는 것입니다. 아마 대부분 잘 아는 단어일 것으로 생각됩니다. 하지만 명사는 미드에 따라 천차만별이기 때문에 큰 변별력은 없습니다.

중요한 것은 이제부터입니다.

동사, 형용사, 부사는 미드의 내용을 떠나 거의 비슷하게 사용되므로 그 결과가 시사하는 바는 크다고 할 수 있습니다.

어떤 단어들이 사용되었는지, 그 중 내가 알고 있는 단어는 과연 얼마나 되는지 눈 여겨 보시기 바랍니다.

우선 **동사**입니다.

가장 많이 등장한 30개의 동사는 다음과 같습니다.

is, do, am, have, know, are, will, get, go, be, can, like, cut, look, want, say, think, love, thank, wait, mean, stop, come, feel, make, see, tell, start, work, ask

본 미드에 153개의 동사가 총 980번 사용 되었는데 위 30개의 동사만 무려 745번 등장합니다. 75.5%에 달하는 사용빈도를 보이고 있습니다.

다음은 **형용사**입니다.

가장 많이 등장한 30개의 형용사는 다음과 같습니다.

right, sorry, good, only, little, real, big, great, nice, ready, fine, those, high, long, alone, amazing, best, better, these, clean, favorite, happy, hungry, last, new, regional, single, sudden, sure, whole

본 미드에 89개의 형용사가 총 174번 사용 되었는데 위 30개의 형용사만 총 112번 등장합니다. 64.4%의 사용빈도를 보이고 있습니다.

마지막으로 **부사**입니다.

가장 많이 등장한 30개의 부사는 다음과 같습니다.

not, just, okay, out, there, so, here, how, well, really, back, maybe, up, why, down, kinda, never, again, always, anyway, ever, more, off, over, through, when, where, alright, before, probably

본 미드에 78개의 형용사가 총 417번 사용되었는데 위 30개의 부사만 총 367번 등장합니다. 무려 88.0%의 사용빈도를 보이고 있습니다.

지금까지 나열한 동사, 형용사, 부사 등 3대 품사 총 90개의 단어 중에서 모르는 단어가 과연 몇 개나 되었나요? 거의 모두가 잘 알고 있는 대단히 쉬운 단어일 것이라 생각합니다.

위의 통계를 통하여 알 수 있듯, Friends 1편에 나오는 단어들을 여러분은 이미 최소한 80%는 알고 있다는 것입니다.

그렇다면 이제 자신감을 갖고 숨겨져 있던 영어실력을 발휘해야겠지요. 80%를 알고 있다면 80%는 알아들을 수 있어야 하니까요. 그렇게 하려면 어떻게 해야 하는지 이어지는 이야기를 통해 방법을 알려드립니다.

왕초보는 아니다!
미드로 영어를 즐기는 방법

미드를 좋아하지만 영어 공부에 어떻게 활용을 해야 할지 궁금해 하는 분들이 참 많습니다.

사실 미드로 영어공부 하는 법에 대해 너무나 많은 정보들이 범람하고 있어서 어떤 것이 가장 효과적인 방법인지 판단하기란 결코 쉬운 일이 아닙니다.

그래서 일선에서 보고 느낀 경험을 바탕으로 미드를 영어공부에 활용하는 방법에 대해서 설명하고자 합니다.

특별히 본 책에서는 초급, 중급, 상급자로 나누어 수준에 맞는 미드 학습법을 제시하고자 합니다.

초급의 기준은 편의상 중학생 수준의 실력을 갖춘 정도로 정하겠습니다.

그 이하의 실력을 갖춘 왕초보 분들에게는 아쉽지만 미드로 영어를 독학 하는 방법은 그다지 권하고 싶지 않습니다.

그 이유는 미드를 이용한 영어학습 방법은 최소한의 기본 실력과 드라마를 즐길 수 있는 이해력이 갖추어졌을 때 그 효과를 확실히 느낄 수 있기 때문입니다.

미드는 영어기초를 닦기 위한 수단이 아니라 나의 영어 실력을 미드를 통해 다지고 확장해 나가는 단계라는 인식이 중요합니다.

최소한의 기초는 닦고 입장해야 미드영어의 참 맛을 알 수 있습니다.

중급의 기준은 기본 회화가 되시는 분들, 미드를 보면 자막 없이 30~40% 정도 내용을 이해하시는 분들이 대상이 되겠습니다.

미드로 영어를 정복하겠노라며 칼을 가는 분들의 대부분이 여기에 속한다고 보아도 과언이 아닐 것이라 생각합니다.

상급의 기준은 미드를 볼 때 자막 없이 60~70% 정도는 알아 들으시는 분들이 대상입니다. 미드 폐인들이 또한 많은 단계지요.

먼저 **초급자용 미드 학습법**입니다.

첫째, 미드 선택에 있어서, 우선은 무조건 재미있는 미드를 선택해야만 합니다. 어떤 미드라도 상관없습니다. **재미가 미드 선택의 기준**이 되어야 합니다. 영어공부에 좋다고 해서 대사가 많은 미드를 찾는다든가, 철 지난 드라마나, 전문직 용어가 많은 드라마를 애써 볼 이유가 없습니다. 물론 그런 드라마라도 재미만 있다면 잘 선택한 것입니다.

둘째, **한글 자막으로 즐기면서 감상**합니다. 하루에 에피소드 4편 정도를 집중적으로 감상하면서 보통 13개 혹은 24개 정도의 에피소드로 이루어진 시즌 한편을 짧은 시간에 모두 시청하도록 합니다. 에피소드 개수에 따라 3일 이내에 완료하도록 합니다. (에피소드가 20개 이상으로 많은 경우 6일 이내에 완료)

셋째, 그 중 재미있게 본 에피소드 딱 세 편만 고르도록 합니다. 선택한 세 편의 에피소드는 이제부터 **영어자막으로 두 번씩** 다시 봅니다. (2회 × 3편 = 총 6회) 1~2일 소요

넷째, 그 세 편 에피소드의 대본을 구하여 모르는 단어를 체크해 가면서 1차적으로 **독해**를 합니다. 우선 한 편만 합니다. 한편으로 여섯 번째 순서까지 끝나면 다시 여기 넷째 순서로 돌아와 그 다음 편 대본을 공부하는 것입니다. 한편을 학습하는 데 3일을 넘지 않도록 합니다.

다섯째, 독해를 완료하였으면, 이 단계에서는 **대본을 소리 내어 읽습니다.** 특히 이 부분이 아주 중요합니다. 당연히 많이 읽을수록 좋습니다. 좋은 표현은 체크하고 외워둡니다. 하루 2시간 이상 3일 동안 집중적으로 하고, 그 외 자투리 시간에도 스마트폰이나 종이에 프린트하여 수시로 암송하도록 합니다.

여섯째, 자막 없이 동영상을 봅니다. 이미 표현을 익혀둔 터라 이해가 안 가는 부분은 없습니다. 다만 안 들리는 부분이 있을 뿐이지요. 그럴 때마다 포즈와 플레이를 반복하면서 **들릴 때까지 계속** 들어야 합니다. 곰플레이어를 사용하면 방향키와 스페이스키만으로 신속하게 제어할 수 있어 편리합니다. 최대한 볼 수 있는 만큼 반복해서 보고 1편 보는 데 1일 소요됩니다.

이렇게 해서 나머지 두 편의 에피소드까지 위 넷째~여섯째 방법을 적용하면 총기간이 최대한 30일 소요됩니다.

- 한글 자막으로 1개 시즌 전 에피소드 감상 ➡ 3~7일
- 영어 자막으로 학습 (3편 × 2회 = 총 6회) ➡ 1~2일

- 대본 학습 (1편/3일 × 3편= 9일)   ⇒   9일
- 대본 낭송 (1편/3일 × 3편 = 9일)   ⇒   9일
- 무자막 시청 (1편/1일 × 3편)   ⇒   3일

총 25~30일

이렇게 30일 지났다면 어떻게 변해 있을까요?

갑자기 말문이 트인다든가 하는 기적은 절대 없습니다. 하지만 본인의 영어 실력에 이미 엄청난 변화가 생겼다는 것을 분명히 체감할 수 있을 것입니다. 하지만 더욱 중요한 것은 그 이후의 영어 발전 속도입니다. 놀랄 만한 속도로 발전하게 됩니다.

참고로 덧붙여 초급자용 방법을 하나 더 제시해 드립니다.

초급자 중에서도 고등학생 이하의 학생이거나 아니면 정말 독하게 마음을 먹은 분이라면, 세 편도 필요 없이 딱 한 편만을 선택해서 대본 전체를 다 외우는 것도 권하고 싶습니다.

의욕이 충만한 초급자에게 가장 확실한 방법입니다.
대본을 출력하고, 동영상의 사운드 부분, 즉 mp3를 추출하여 출퇴근, 등하교 시에 계속 들어가면서 30일간 딱 한편을 완전히 외우는 것입니다.
나이가 어릴수록 효과가 오래 지속되는 방법입니다.

앞서 설명한 바와 같이 초급자에겐 재미있는 미드가 기준이 되어야 합니다.
그리고 미드 자체가 초급자용, 중급자용으로 나누어진 것은 없습니다. 미드의

시청자는 기본적으로 영어가 완벽한 미국인들이 대상이기 때문이지요. 다만, 영어실력을 기준으로 효과가 더 많을 것으로 예상되는 미드를 추천하는 것입니다. 예를 들면 Friends의 경우엔 초급자용으로도, 상급자 용으로도 훌륭한 교재이기 때문입니다.

곰 플레이어의 활용 팁

화면 하단 '환경설정' 클릭 ➡ 왼쪽 두 번째 '재생' 탭을 클릭
➡ 오른쪽 화면 세 번째 탭 '재생 이동시간' 화면에서 방향키 설정과 이동 시간을 설정할 수 있습니다.

※ '왼쪽/오른쪽 방향키'의 시간 설정을 2초로 해 두면 반복 재생하는 데 불필요한 공백시간 없이 보다 편리하고 효과적인 학습을 할 수 있습니다.

영어실력은 중간!
미드로 영어를 즐기는 방법

다음은 **중급자용 미드 학습법**입니다.

중급의 기준이 미드나 영화를 볼 때 자막을 보지 않고도 30~40% 정도가 들리면서 이해하는 수준이라고 앞서 언급했지만 사실 이 정도 수준이면 기본적인 회화 정도는 충분히 가능하리라 생각합니다.

이런 분들에게 미드는 영어 실력을 업그레이드 하는 데 있어 대단히 훌륭한 수단이 아닐 수 없습니다.

그런 전제하에 중급자들이 보다 효과적으로 미드를 즐기며 공부할 수 있는 방법을 제시합니다.

중급자의 경우 영어공부를 위한 미드를 선택하는 데 있어서 배경음이 많거나, 시대적 배경이 현대가 아니거나, 소재가 협소하고 비현실적인 드라마인 경우는 가급적 피하는 것이 좋습니다. 그 대신에, 대사가 현실감 넘치는 다큐멘터리 형식의 드라마를 추천합니다.

미드를 결정했다면 그 드라마의 첫 번째 시즌을 구하도록 합니다.

재미있고 마음에 쏙 드는 미드를 선택했다면 이제,
첫째, 영어와 한글 통합 자막으로 에피소드 하나를 집중하여 감상합니다.
스토리에 집중하면서 한번만 확실히 봅니다.
중간에 모르는 단어나 표현은 체크해 두고 시청 후 사전을 뒤져 복습합니다.

둘째, 방금 본 에피소드를 **자막 없이 다시** 봅니다. 이때 들리지 않는 부분은
들릴 때까지 포즈와 플레이를 **반복 또 반복**해야 합니다. 100번을 다시 들어도
무슨 말인지 도통 들리지 않는 부분도 있습니다. 하지만 100번 들은 것만으
로도 이미 그 가치는 충분합니다.
이 단계에서 소요되는 시간이 가장 깁니다. 20~40분 짜리 한 편을 공부하는
데 10시간이 걸릴 수도 있습니다. 몇 일을 나누어서 하더라도 들릴 때까지,
안 들리는 부분은 100번을 반복해서 듣도록 하고 에피소드 하나를 완벽히 끝
냅니다.

셋째, **다음 에피소드를 첫째 단계부터 시작**합니다. 그리고 나서 똑같이 둘째
단계를 적용합니다.
이렇게 해서 모든 에피소드 혹은 나름 선별한 에피소드를 마칠 때까지 30일간
의 계획을 잡습니다. 단, 이때 최소한 10개 이상의 에피소드를 완벽히 끝낼 수
있는 스케줄을 추천합니다.

넷째, 시즌 1을 끝냈으면 다음 시즌부터는 처음부터 **자막 없이 다음 시즌을 시
청**합니다.
이 때 많은 표현을 내 것으로 만들 수 있도록 **집중해서 듣고 수집**해야 합니다.

중급자의 목표는 **다양한 표현을 익히고 원어민 발음에 최대한 익숙해지는 데** 있습니다.

이 때 익힌 표현들은 어떻게 해서든 그날그날 꼭 사용해서 온전히 내 것으로 만들 수 있도록 해야 합니다.

영어 좀 한다!
미드로 영어를 즐기는 방법

마지막으로 **상급자용 미드 학습법**입니다.

자막 없이 60~70% 정도 리스닝이 가능한 분들을 상급자로 정의해 본다면, 나머지 부족한 30~40%를 채우는 것에 초점을 맞추어 학습을 해야겠지요.

하지만 100% 완벽한 이해는 어렵습니다

처음부터 어렵다라는 부정적인 단어를 사용했네요. 그래도 어쩔 수 없습니다. 미국에서 어려서부터 10년 이상 살아 보지 않은 이상 모든 내용을 100% 원어민처럼 이해하는 것은 결코 쉬운 일이 아니니까요.

왜 쉽지 않은 것일까요?

바로 드라마의 배경이 되는 **문화에 대한 지식**이 부족하기 때문입니다. 오랜 역사를 거쳐 우리에게 잠재되어 있는 유교문화가 그들에겐 없고, 대인관계에 있어서 매너와 화법이 다르고, 유머 코드가 다르고, 사회적 이슈나 정치에 대한 기본적인 정보가 다르고, 학교에서 배워 온 교육이 다르고, 또한 다양한 인종과 이민자들로 이루어진 나라의 사람들이 모여 만드는 드라마를 우리의 상식

선에서 단번에 완벽히 이해할 수는 없습니다.

요즘은 네이버나 다음 같은 포털 사이트의 지식검색을 통해서 많은 사람들의 정보와 상식이 깊이를 떠나 엇비슷해졌고, 우리들은 구글이나 페이스북, 트위터같은 SNS를 통해 세계의 뉴스와 정보를 편하게 보고 들을 수 있는 세상에 살고 있습니다. 상급자들은 이런 환경을 최대한 활용해서 문화에 대한 이해를 드높이는 데 집중하는 것이 아주 중요합니다.

항간의 지식검색을 보면 상급자용 미드로 전문적인 내용을 담은 의학드라마나 법정드라마를 추천하는 경우가 많은데 전문적인 소재라는 이유 때문에 상급자용 미드라고 할 수는 없는 것입니다.
그런 전문직 드라마는 용어가 어렵고 오히려 실생활에 활용하기엔 거리가 먼 표현들이 많습니다. 해당 전문직 종사자라면 좀 더 알아들을 수 있을 뿐입니다.
오히려 상급으로 갈 수록 그들 인간관계의 메커니즘과 유머를 이해할 수 있는 가벼운 trendy drama로 가야 합니다.

시트콤 Friends를 전제로 상급자용 학습방법을 제시하자면,

첫째, 상급자이니만큼 귀로는 말에 집중하고 눈으로는 필요할 때마다 자막을 보면서 우선 한 편을 감상합니다.
둘째, 자막을 끄고 대사 한 두 줄씩 단위로 끊어가며 잘 들리는지 체크를 하면서 봅니다. 관객들의 웃음이 터지는 부분의 대사를 받아 적어 둡니다. 그리고 이해가 잘 안 가는 대사도 적어 둡니다.

셋째, **관객이 왜 웃는지 그 이유를 정확히 알 때까지 분석합니다.** 이 부분이 바로 상급자 미드학습의 포인트가 되겠습니다. 이런 이유 때문에 관객 웃음이 삽입된 드라마나 Friends같은 공개 시트콤이 유리합니다.

텍스트로는 100% 이해했는 데도 불구하고 왜 웃는지 아직 의문이 가는 대사가 있다면 완전히 공감이 갈 때까지 그 이유를 분석해 보아야 합니다.
파고들면 들수록 새로운 정보와 문화에 대한 이해지수가 쌓이고 나아가 새로운 세계에 눈을 뜨게 되는 경험을 하게 될 것입니다.

분석하는 방법은 Google, TV.com, IMDB, Wikipedia, Youtube, Urban dictionary 등을 기본으로 하고, 각종 개인 블로그와 용어 및 표현을 다루는 사이트 등을 서핑 하면서 심도있게 검색 작업을 해야 합니다. 그 과정에서 알게 되는 새로운 지식이 또 하나의 목표가 되어야 합니다.
내가 아는 게 다가 아니라는 겸허한 자세와 문제의식을 가지고 검색을 해야 합니다. 그리고 우리나라 포털의 지식검색에 나와 있는 정보는 그 방대한 내용만큼이나 오류가 넘쳐나는 곳임을 주지해야 합니다.

그리고 검색 노트를 만들어 나만의 단어장, 표현집을 만들어 보는 것도 좋은 방법입니다.
그렇게 하루 한편씩 시즌 하나를 마치면 Friends의 경우24일이 소요됩니다.
이미 검색 노트는 많은 분량으로 가득 차 있을 것입니다.

하지만 시즌을 더할수록, 다른 미드로 넘어갈수록 새로운 검색 노트의 두께는 얇아지게 됩니다.

엉클잭이 추천하는
재미있는 미드 10편

필자는 미드 강의를 하고 있는 이유도 있긴 하지만, 원래부터 미드를 워낙 좋아해 온 터라 아직도 하루의 상당 시간을 미드 시청과 탐구에 할애하고 있다 보니 주변으로부터 미드를 추천해 달라는 질문을 자주 받곤 합니다. 지극히 개인적인 판단을 기준으로 취향대로 고른 재미있는 미드 10편을 선정해서 올려 봅니다.

드라마 내용에 대한 간략한 소개와 함께 좀 더 흥미를 돋우어 볼 심산으로 등수를 매겨 보았습니다.

무슨 미드를 봐야 하나 고민하시는 분들, 그리고 미드로 영어학습 중인 분들에게 참고가 되었으면 합니다. 다시 한 번 등수는 절대적으로 엉클잭 개인의 취향임을 알려드립니다.

✓1위

브레이킹 배드
(Breaking Bad)

엉클잭배 영예의 1위 수상작은 바로 'Breaking Bad'입니다.

뇌성마비 아들과 이제 갓 태어난 아기의 아빠 주인공 Walter는 어느 날 폐암 말기 진단을 받게 되는데, 가장으로서의 책임감 때문에 고민하고 힘들어하던 그가 어쩌다 비뚤어진 선택을 하게 되면서 그의 인생은 엄청난 우여곡절을 겪게 됩니다.

마약이라는 소재 때문에 칙칙한 갱 드라마라고 치부하면 오산입니다. 절망 앞에 선 한 인간의 도전과 타락, 그리고 공감을 이끌어내는 상황 전개는 마치 내가 주인공이 된 듯한 착각에 빠져들게 하면서 함께 고뇌하고 갈등하게 만 듭니다.

두 남자 배우가 모두 2010년 에미상 남우주연상과 조연상을 휩쓸 만큼 탁월한 연기력에 탄복이 나올 정도. 미국 EW 선정 최고의 드라마 1위에 선정되기도 했습니다.

본 미드의 강점은 누가 뭐라 해도 탄탄한 연기력과 치밀한 전개, 독특한 소재, 살아있는 리얼리티를 들 수 있습니다. 그리고 덱스터를 능가하는 가공할 만한 중독성을 자랑합니다.

가끔씩 혐오스런 장면이 나오는 성인용 드라마입니다.

프라이데이 나잇 라이츠
(Friday Night Lights)

미국 어느 시골의 고등학교 미식 축구팀의 이야기입니다. 미식축구라는 소재 자체가 한국사람들에겐 관심의 대상이 아니어서 안타깝게도 우리나라에서는 그다지 주목을 받지 못한 작품입니다. 그럼에도 불구하고 2위에 선정한 것은 개인적으로 그만큼 재미있게 보았기 때문인데 그 이유는 미식축구를 좋아해서가 아니라 탄탄한 스토리와 사실감 넘치는 연기만으로도 충분히 최상위권에 충분히 오를 만하다고 판단했기 때문입니다.

단순한 스포츠 드라마가 아닙니다. 고등학교 풋볼팀 Taylor 코치의 가족과 저마다의 사연을 가진 선수들, 그리고 그들의 가족에 얽힌 여러 가지 이야기들을 잔잔하면서도 대단히 현실감있게 잘 다룬 드라마입니다. 배우들의 연기가 너무도 자연스럽고 지극히 현실적인 드라마지만, 사건은 만만치 않습니다. 거기에 대응하는 주인공들의 고민과 대응방법에 깊이 공감하게 되고 빠져 나올 수 없을 만큼 계속 관심을 갖게 만드는 작품입니다.

미식축구의 룰을 몰라도 그냥 가족물로 생각하고 봐도 충분히 즐길 수 있습니다. 다만 여성들은 보는 시각에 따라 다소 거부감이 들 수도 있으리라 생각됩니다. 작가진들이 아마도 마초 성향이 있는 듯 남성을 옹호하는 시각이 느껴집니다. 드라마 속에서 남자 캐릭터는 대개 속이 깊고 매사에 모든 것을 넓게 보는 존재이면서 항상 여자를 위해 참고 희생하는 존재로 그려지는 반면, 일부 여자 캐릭터는 모든 것을 자기 위주로 생각하는 이기적이고 생각이 짧은 존재로 그려지는 경향이 있습니다. 작가가 들으면 억울하다고 항변할지 몰라도 그런 기조가 작가의 의식 바탕에 항상 깔려 있는 느낌을 지울 수 없습니다. 그런데도 2위에 선뜻 올린 걸 보면 엉클잭도 마초?
이 미드의 강점은 볼 때마다 인건비가 걱정 될만큼의 영화 수준의 스케일과 풋볼 외에도 항상 존재하는 다양한 사건과 갈등의 재미 요소가 매 편마다 넘쳐난다는 것입니다.

Denzel Washington 주연의 미식 축구 영화 'Remember the Titans'을 보고 감동을 느낀 분들이라면 한번 관심을 가져 보시길 바랍니다. 15세 이상이면 관람해도 좋습니다.

✓**3위**

프렌즈 (Friends)

설명이 필요 없는 불멸의 명
작 Friends.
1994년 9월에 첫 시즌을 시작
하여 2004년 5월에 시즌 10
으로 대단원의 막을 내렸던 장수 situation comedy입니다. 남녀 6명의 사랑과
우정을 그린 이 시트콤은 무려 10년 동안 시즌을 이어가면서 수많은 화제를
뿌리며 세계적인 사랑을 받았습니다.

관객들을 앞에 두고 공개 녹화를 했던 Friends는 모든 배우들이 캐릭터에 완
전 몰입하면서 연기인지 실제인지 모를 정도로 늘 자연스럽고 즐겁게 연기
에 임하여 관객과 배우가 하나가 되는 그런 드라마였기에 NG 조차 대중들의
폭발적인 사랑을 받았던 국민 시트콤입니다. 드라마 시작 당시엔 Ross 역의
David Schimmer와 Monica역의 Courteney Cox가 가장 유명했지만, 나중
엔 6명 모두가 Big star가 되었고, 특히 Jennifer Aniston은 이제 세계적인
celebrity가 되었습니다.

시즌 10에 가서는 6명 모두가 1인당 한편에 100만 달러의 출연료를 기록하는
화제를 낳기도 했습니다. 원래는 개인별로 다소 차이가 있었는데 모두 공평
하게 받을 것을 제안한 Ross의 의견에 모두가 동의하여 성사되었다고 합니다.
진짜 친구들이 되어 버린 것이지요.
2004년 5월 대단원의 막을 내릴 당시 Clinton 대통령까지 나서서 아쉬움을 전하기에 이르렀고 마지막 에피소드는 전무후무한 시청률을 기록, 아직도 깨지지 않고 있습니다. 영화로도 만들어진다는 소문은 아직도 무성한데, 꼭 성사되었으면 하는 바람입니다.

편당 러닝타임 23분 전후의 짧고 강력한 시추에이션 코미디 Friends를 통해서 매력적인 뉴요커들의 일상생활을 엿볼 수 있습니다. 배꼽을 잡게 하는 출중한 코미디 연기는 볼수록 감탄을 자아내고, 동양적인 인간관계의 정서가 물씬 느껴지는 따뜻한 드라마입니다.

또한 워낙에 유명한 작품이다 보니 cameo로 출연하는 스타들의 면면도 화려합니다. Brad Pitt, Robin Williams, Danny DeVito, Helen Hunt, George Clooney, Brooke Shields, Julia Roberts, Charlie Sheen, Ben Stiller, Ralph Lauren, Reese Witherspoon, Bruce Willis, Susan Sarandon, Denise Richards, Gary Oldman, Sean Penn, Alec Baldwin, Jeff Goldblum, Dakota Fanning 등 그 외 이름만으로도 가슴 떨리는 수퍼 스타들이 대거 출연했었지요.

미드를 시작하는 분들이나, 미드로 영어 공부를 준비하는 분들은 꼭 거쳐야 할 작품입니다.

✓4위

스파르타쿠스
(Spartacus)

고대 로마시대의 영웅 Spartacus 의 일대기를 그린 드라마. 스케 일은 영화에 결코 뒤지지 않고, 연속극의 특성을 살려 인물 묘사의 디테일에 더욱 충실한 관계로 영화가 갖지 못하는 장점을 더불어 갖춘 수작입니다.

마치 고어물처럼 잔혹하기 그지 없지만, 그런 장면조차도CG와 slow motion 기법을 잘 배합하여 아트 수준의 환상적인 장면을 연출해 내기도 하지요.

그런 결투 장면을 보는 재미와 검투사와 노예 혹은 그들과 귀족간의 금지된 사랑, 음모와 배신 등 수많은 볼거리가 담겨있는 완성도 높은 드라마입니다. 근육질의 검투사들도 눈을 즐겁게 합니다. 특히 감독관으로 나오는 Peter Mensah의 몸은 어느 정도는 CG가 아닌가 싶을 만큼 카리스마 넘치는 근육 질을 보여주고 있는데 이 배우의 나이가 50대 중반(1959년생)이라니 놀라지 않을 수 없습니다.

Spartacus는 단순하면서 명쾌한 스토리, 물량을 아끼지 않은 스케일, 화려한 CG를 강점으로 꼽을 수 있습니다. Ridley Scott감독의 영화 Gladiator를 재미 있게 보신 분이라면 특히 좋아할 미드입니다.

노출, 성애, 절단 등 수위가 높고 가혹한 장면이 많아 미성년자는 관람불가입 니다.

✓5위

위기의 주부들
(Desperate Housewives)

한국에도 잘 알려진 Eva Longoria, Teri Hatcher 등이 출연한 히트작입니다.

한정적인 캐릭터와 구역 내에서 어쩌면 저렇게도 이야기를 잘 지어낼 수 있을까 싶을 정도로 재미있고 탄탄한 스토리가 압권인 미드의 명작입니다.

친구의 죽음을 시작으로 온갖 사건 사고가 얽히고 설키는 바람 잘 날 없는 Wisteria거리의 숨은 이야기가 주제이지요. 미국 중산층의 영어를 익히기엔 더 없이 좋은 드라마이어서 강의 자료로 연구하다 필자 스스로도 그냥 푹 빠져버린 드라마입니다. 결코 제목만으로 판단할 여성용 드라마가 아닙니다.

가족 드라마로 분류되어 있긴 하지만 스릴과 음모가 넘쳐나는 흥미진진한 스릴러물에 더 가깝습니다. Bush 미국 전 대통령의 영부인 Barbara Bush 여사가 즐겨 본다고 해서 한때 유명세를 타기도 했었지요.

남녀 공히 좋아할 만한 명품 미드로 추천합니다.

✓6위

디 오피스
(The Office)

디 오피스(The Office)는 참으로 호불호가 갈리는 드라마 입니다. 코미디가 강하지만, slapstick comedy도 아니고, 그렇다고 따뜻한 유머가 깃들어 있지도 않습니다.

스스로 세계 최고의 지점장이라고 우기는 Michael Scott의 고약한 sarcasm과 조증에 가까운 행동은 시청자들도 꿀밤을 한 대 쥐어박고 싶을 정도이고, 정신 상태가 의심스러운 Dwight의 모든 말에 가시가 박힌 말 한마디 한마디와 상상을 뛰어넘는 엽기적인 행동들은 그야말로 예측불허에 할 말을 잊게 만들 뿐입니다. 그렇다고 메시지가 있는 것도 아닙니다. 설상가상으로 대부분의 캐릭터들이 밉상이기까지 합니다.

그럼에도 불구하고 최고의 시트콤으로 인정받을 만큼 높은 인기를 구가하며 보는 이로 하여금 웃음 소리가 밖으로 터져 나올 정도로 정말 웃지 않고서는 배길 수 없는 드라마가 바로 The Office입니다.

종이회사에 다니는 평범한 군상들의 티격태격 살아가는 이야기를 모큐멘터리 형식으로 구성한 시트콤입니다.

뭐니 뭐니 해도 Dwight의 신들린 바보짓이 압권이지요.

주연을 맡은 Steve Carrell은 이제 유명한 코미디 배우이자 성공한 제작자로 할리우드의 별이 되었습니다.

미국식 유머를 이해하고 좋아하는 분들과 직장인들에게 특히 추천합니다.

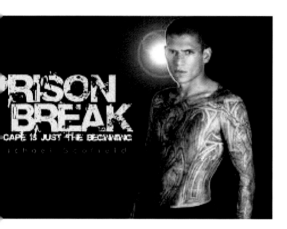

✓7위

프리즌 브레이크
(Prison Break)

극중 주인공 Michael Scofield 는 발음 나는대로 이름 지어진 '석호필'이란 애칭까지 얻으며 우리나라에 미드 열풍을 몰고 온 장본인 중 하나입니다.

폐쇄와 억압으로 대변되는 교도소. 억울하게 누명을 쓴 형을 탈옥시키기 위해 일부러 감옥에 들어가 숱한 고초와 위기를 넘기며 탈옥에 성공하는 Michael 과 동료 수감자들이 마지막 자유를 얻기까지 쫓고 쫓기는 과정을 스릴 넘치게 구성한 미드 걸작 중의 하나입니다. 미국 드라마 작가 파업 당시에 무기한 방영 중단되어 한동안 미드 페인들을 애타게 했던 기억이 있습니다.

Michael의 명철한 두뇌 플레이와 거친 남자들의 액션을 보는 것이 재미의 요소입니다. 악마보다 무서운 T-Bag의 연기도 압권이지요. 워낙 완성도 높은 작품이다 보니 끼끔 현실감이 떨어지는 장면을 보게 되면 오히려 티가 더 크게 느꺼지기도 합니다. 예를 들면, 문신 속에 그 모든 정보를 담는다는 것도 사실 말이 안되지만 그 정도로 머리가 좋으면, 한땀 한땀 바늘로 뜨는 고통보다 다른 편한 방법이 있었을 텐데 하는 딴지도 걸고 싶기도 하고 말입니다. (나중에 고생하며 그걸 또 다 지우는걸 보니…) 그리고, Sarah가 분명히 죽은 걸로 마이클이 확인을 했는데 나중에 알고 보니 살아있었던 걸로 바꾸는 무리수도 있습니다.

개런티 문제 등으로 Sarah가 나온다 안 나온다 해서 소동이 있었던 듯합니다. 그 외에도 가끔 황당한 장면이 있지만 다행히 전체적인 진지함엔 크게 영향이 없습니다.

액션, 스릴러물을 좋아하시는 분들에게 강력히 추천합니다.

✓8위

24시 (24hour)

정확히 하루 24시간 내에 일어나는 사건을 에피소드 한 편 당 1시간으로 구성하여 총 24편에 24시간을 담아낸 기발한 작품입니다. 보통 몇 달은 촬영을 하는데 내용상 시즌 전체가 단 하루에 끝

나는 것이니 시즌 내내 옷이 변하지 않습니다. 모두들 몸매나 헤어 스타일 조차 변하지 않는 걸 보면 대단한 집중력이라 하겠습니다.

무려 8시즌을 미국에 대한 테러범 소탕만을 소재로 엇비슷하게 꾸려왔지만, 두뇌 명석하고, 싸움 잘하고, 총도 잘 쏘고, 운도 좋고 여복도 많은 Jack Bauer. 그의 영웅담은 늘 시청자들을 매료해 왔습니다. 911 테러 이후 미국인들의 뼛속 깊이 자리잡은 테러 불안감의 기반 위에 높은 시청률을 기록했던 24시.

이제는 방송 종료되었지만 유례없는 독특한 구성으로 치밀한 각본이 돋보였던 미드의 수작입니다.

실시간으로 진행되는 구성이라 뜯들고 자시고 할 것이 없습니다. 내가 보고 있는 시간의 흐름이 사건 전개의 시간과 동일하게 적용되는 기발한 구성이 백미입니다. 덕분에 몰입도는 최강이라 할 수 있습니다.

그리고, 실시간 진행의 특징 때문에 크고 작은 모든 사건 현장은 주인공이 있는 곳으로부터 멀어야 15분 거리 이내에 있다는 것이 재미있습니다. 주인공의 동선이 실시간으로 시청자와 함께 하기 때문에 Jack Bauer가 그곳에 가는 데 시간이 많이 걸리면 안 되니까요. 냉정하게 본다면 시청자의 관대함이 필요한 현실감 결핍의 장면임에 틀림없지만, 오히려 빠른 속도감 때문에 더욱 스릴을 느끼게 만드는 순기능의 역할이 더욱 커 보이는 공력을 자랑합니다.

탄탄한 스토리, 실감나는 액션, 예측불허의 반전, 스파이 영화를 좋아하는 분이라면 대단히 만족할 만한 미드입니다.

✓9위

덱스터 (Dexter)

연쇄살인범을 쫓는 연쇄살인범이 주인공인 예사롭지 않은 설정의 드라마입니다.

주인공이 살인범이지만 혹시나 그가 잡히지나 않을까 보는 내내 우리를 노심초사하게 만드는 독특한 드라마. 시청자로 하여금 공범의식을 갖게 하면서 철두철미한 그의 뒤처리에 푸근한 믿음을 갖게 만드는 어찌 보면 상당히 위험한 드라마라고 할 수 있겠습니다. 물론 그런 생각이야 기우에 지나지 않겠지만 하여간 우리나라 드라마에서는 아직 보지 못한 소재와 구성을 보여주고 있습니다.

보다 보면 사체 절단과 죽음을 위한 의식 장면 등에도 무감각해져 있는 나 자신의 모습에 대견함을 넘어서 당혹감을 느낄 지도 모릅니다.

그 이유는, 죽어야 마땅한 사람을 죽이는 것이 일종의 사회정의 구현이라는 그러한 잘못된 법 의식이 이미 나를 지배하고 있고 사적 복수에 대한 관대함 혹은 대리만족이 이미 마음 속에 자리하고 있다는 것을 들킨 기분일지도 모르기 때문입니다.

몇 일 안에 모든 시즌을 섭렵하게 만드는 강력한 중독성을 가진 드라마입니다. 공분을 일으키는 사건과 그것을 극단적인 방법으로 해결하는 주인공의 활약이 최고의 중독성을 가지는 원천이 됩니다. 더불어 동료 형사들의 연기를 보는 재미도 쏠쏠한 편입니다. 독특하고 강한 소재를 찾는 성인들만 시청 가능합니다.

✓10위

히어로즈 (Heroes)

초능력을 가진 사람들이 펼치는 수퍼 히어로 무비.

황당무계한 내용이지만 우리와 같은 모습의 일반인들이 상상을 초월하는 능력을 발휘하는 장면에서 일종의 카타르시스를 느끼게 되곤 하지요.

타인의 마음을 읽고, 불을 뿜고, 하늘을 날고, 벽을 통과하고, 원격으로 칼질을 하고, 만지는 건 모두 얼려 버리기도 하고, 심지어 남의 초능력을 학습한다든가 시간여행을 자유롭게 하는 대목에서 현실감은 완전히 사라지지만 사건의 일관성과 논리는 온전히 잘 가져가고 있어 SF 무비로서는 합격이라 하겠습니다.

슈퍼맨과 배트맨, 스파이더맨을 한꺼번에 보고 싶은 분들에겐 제격입니다.

시즌 3을 넘기면서 이미 황당함을 주체 못하는 상황이 되지만 그래도 대단한 숭독성을 갖게 하는 재미있는 드라마입니다. 매력적인 캐릭터들의 부러운 조

능력을 감상하는 것도 눈요기 거리이지만 전편을 관통하는 일관된 주제가 작품의 높은 완성도를 보여주며 이로 인한 강한 중독성과 뛰어난 CG는 본 작품의 강점이라 하겠습니다.

그리고, 주요 배역인 Ando역을 맡은 James Kyson-Lee가 한국계 미국인이라고 하는군요. 관심을 가지고 한번 보시기 바랍니다. SF물을 좋아하는 청소년 이상이라면 한번쯤 볼 만한 미드입니다.

엉클잭이 추천하는
공부하기 좋은 미드 10편

다음은 **영어학습에 도움이 되는** 미드 10편을 선정해 봅니다.

앞서 설명한 것처럼 영어 초급자를 위해 별도로 만들어진 미드란 있을 수 없습니다. 그런 건 세서미 스트리트(Sesame street)지요. 배우들이 쉬운 영어만 골라서 하는 미드가 있을 수 있나요? 어떤 드라마는 대사가 느리고 발음이 또렷한 편이라고 하지만 배우마다 다릅니다. 그리고 의학, 법정, 스포츠 등 전문적인 용어가 많이 들어간 드라마라고 해서 고급자용만은 아닙니다. 단지 용어가 어려울 뿐이지요. 결론적으로 각 수준에 맞는 드라마는 있을 수 있어도 각 수준에 맞춘 드라마는 없다는 것입니다.

미드를 통해서 **원어민의 발음과 영어식 표현**에 많이 노출이 되고, 그들의 **문화에 익숙해 지는 것**이 더욱 중요합니다.

자기가 좋아하는 장르의 재미있는 드라마라면 그 드라마의 영어수준은 크게 문제가 되지 않습니다. 배우들이 늘 쉬운 말만 하는 것도 아니며 어려운 말만 하는 것도 아닙니다. 대사 내용이 궁금할 때 영어공부의 효과는 배가됩니다.

배우들의 매력에 빠질 때 영어에 대한 열정은 드높아집니다.

어떤 미드를 선택하든지 즐길 수만 있다면 미드로 영어 공부를 할 수 있게 됩니다.

영어학습에 도움이 되는 미드 10에 포함된 다음의 리스트는 우선은 무엇보다 중요한 '재미'가 있고, 대화문이 적지도 많지도 않으면서 사실적이고, 다양한 출신의 다양한 영어 발음을 접할 수 있고, 현대 영어를 사용하면서 시사, 슬랭 등도 접할 수 있고, 영어학습에 확실히 도움이 될 것으로 판단되는 드라마들을 위주로 뽑은 것입니다.

영어공부를 겸해서 미드를 즐기고자 하는 분들에게 도움이 되었으면 합니다. 나름대로 순위를 매기긴 했지만 이것 또한 순전히 필자의 개인 취향에 따라 정해진 것이기 때문에 큰 의미는 없습니다. 좀 더 흥미 있게 읽히고자 한 것이니 각자의 취향에 맞는 미드를 선택하는 데 참고만 하시기 바랍니다. 앞서 미드로 공부하는 방법 편에서 서술한 것처럼 어떤 미드이건 즐기면서 볼 수 있는 미드를 선택한 뒤 설명대로 학습법을 적용하면 분명히 좋은 결과가 있을 것입니다.

✓1위

프렌즈 (Friends)

1위로 Friends를 뽑았는데, 실망 하신 분들도 많을 듯합니다. 여기 저기서 너무나 많이 추천하여 이 젠 그다지 신비감조차 없는 드라

마이지요. 벌써 시즌1편이 20년이 다 되어가고 이미 종영한지도 10년이 다 되어가는 드라마를 누가 아직도 관심을 갖겠냐고 하겠지만, 그래도 1위로 추천 하는데 주저함이 없을 만큼 미드계의 걸작이자 학습용 미드로서의 최고봉이라 할 수 있습니다. 개인적인 소회로는 앞으로도 이만한 드라마가 있을 까 싶은 정도입니다. 여섯 명의 주인공 모두가 어느 하나 얄미운 구석 없이 인간적인 매력이 넘치는 것도 그렇거니와, 시청자로 하여금 제 7의 멤버로 착각하게 만드는 흡인력은 가히 전인미답의 경지라 아니 할 수 없습니다. 그리고 영어를 배우는 외국인으로서 이 드라마를 만날 수 있다는 것은 하나의 행운이라 하겠습니다.

그렇다면 학습 용도로서 Friends이 강점은 무엇이 있을까요?

바로 여섯명의 주인공들 하나하나가 모두 학습자에겐 영어 mentor들이라는 점입니다.

정확하고 또렷하면서, 느리기까지 하여 학습자들에겐 너무나 고마운 Ross의 교과서적인 발음. 착한 Chandler의 미워할 수 없는 sarcasm, 의리남 Joey의 촌철살인의 유머와 된장녀 Rachel의 깍쟁이 표현, 그리고 씩씩한 Monica의 속사포 발음과 보기만 해도 웃음이 나는 Phoebe의 사차원 영어에 이르기까지 여섯 주인공 각자의 개성있는 영어와 캐릭터의 매력이 보는 이에겐 즐거운 마음으로 영어를 공부하고 싶게끔 의욕을 불러 일으킵니다.

무려 238편에 달하는 방대한 에피소드 전체가 최고의 교재라 할 수 있습니다. 비싼 몸값의 주인공들을 모두 나의 개인 원어민 강사로 채용했다는 생각을 가지고 Friends속으로 깊이 한번 빠져 보시기를 바랍니다.

이것이 바로 Friends를 1위에 선정한 이유입니다.

✓2위

모던패밀리
(Modern Family)

Modern Family는 모큐멘터리 형식을 취하고 있습니다. 러닝 타임 20분 미

만의 가족 드라마로 2011년 미국 최고의 시트콤으로 부상했을 만큼 절정의 인기를 누리고 있는 시트콤입니다.

본 미드가 영어 공부하기에 좋은 이유는 Columbia 출신의 아내, Gay 아들 내외, Vietnam 입양아 등등 다양한 인종과 상황을 소재로 각 가정에서 일어나는 에피소드를 통하여 미국 중산층의 다양한 영어를 접할 수 있다는 강점이 있습니다.
모큐멘터리 형식이라 대사가 사실적이고, 사건의 연속성이 없어 띄엄띄엄 보더라도 문제 없는 시트콤이라는 것도 부담 없이 즐기기엔 좋은 점이라 하겠습니다.

✓3위

브레이킹 배드
(Breaking Bad)

영어학습용 미드 3위엔 중독성 최강의 드라마 Breaking Bad를 추천합니다. 앞에서 가장 재미있는 미드 1위로 추천할 만큼 일단 재미는 두말할 나위가 없습니다.

영어 학습용으로도 훌륭한 드라마라고 생각합니다.

주인공인 Walter를 통하여 평범한 미국 가정의 생활과 대화를 접할 수 있습니다.

그리고, 특정 집단에서 사용하는 다소 험악한 영어, Slang, Broken English를 적절한 배합으로 익힐 수 있습니다.

하지만 무엇보다도, 극단적인 상황을 맞닥뜨릴 때마다 주인공이 보여주는 허를 찌르는 판단과 결연한 대사는 그야말로 압권이라 하겠습니다.

✓4위

글리 (Glee)

Glee의 원래 의미는 행복감과 흥분의 감정 상태를 나타내는 것입니다. 그리고 a glee club은 학생합창단을 의미합니다.

미드 Glee는 McKinley 고등학교의 Glee club 학생들이 음악을 통하여 서로 사랑하고 성장하는 과정을 그린 뮤지컬 코미디입니다.

Glee의 가장 큰 강점은 볼 거리와 들을 거리가 있어 심심하지 않다는 것입니다. 고등학교가 주 무대이지만, 슬랭이나 비속어가 많지 않습니다. 대사가 무난한 편이라 아름다운 음악과 함께 편안히 즐길 수 있는 드라마입니다.

초급 학습자가 부담 없이 즐길 수 있는 드라마입니다.

위기의 주부들
(Desperate Housewives)

미국 중산층의 영어를 익히기에 이만큼 좋은 드라마도 없다고 할 수 있습니다.

하지만 무엇보다 재미와 중독성이 강하고 주요 배역들이 계속 주축이 되어 드라마를 이끌어 나가기 때문에 배우들의 액센트에 익숙해지는 효과가 있습니다. 특정 캐릭터의 액센트에 익숙해지면 그 배우의 영어는 유난히 귀에 잘 들어오는 경험을 하게 되는데, 이때 미드에 대한 관심과 영어 자신감이 크게 높아지므로 대단히 중요한 부분이라 할 수 있습니다.

학습용도로서의 강점은,
미국 가정의 생활상과 다양한 상황에 대한 미국인들의 사고방식을 엿볼 수 있다는 것입니다.
그리고 미국 중산층의 영어와 완곡어법을 익히기에 적합한 드라마라 할 수 있습니다.

모든 수준의 학습자들에게 추천하는 드라마입니다.

✓6위

디 오피스
(The Office)

Michael Scott 지점장의 고약하고 짓궂은 유머, 2인자를 자처하는 Dwight의 예측을 불허하는 말과 행동. 이 두 사람의 엽기에 가까운 생활 모습만으로도 이 드라마에 중독될 만한 이유가 충분합니다. 그리고 각자 뚜렷한 개성을 가진 Dunder Mifflin 종이회사 영업부 직원들의 일상생활을 소재로 하면서, 리얼리티를 극대화 하기 위해 모큐멘터리 형식을 취하고 있기 때문에 더욱 실감이 나면서 재미있습니다.

모큐멘터리(Mockup documentary)란, 연출된 상황을 실제상황처럼 가공한 것을 말합니다. 마치 기자가 동행 취재하는 듯한 카메라 앵글로 실감요소를 더해 주기도 합니다.

영어 학습용 미드로서의 강점은 미국식 유머를 이해하는 데 도움이 된다는 것과 배경음악이 없어 대사전달이 분명하다는 점입니다. 또한 배우들의 액센트가 드라마용이 아니라 실제 말투에 가까운 모큐멘터리 특유의 살아있는 표현을 가장 큰 강점으로 볼 수 있습니다.

자막이 아닌 영어 대사로 이해할 때 제대로 즐길 수 있는 미드입니다. 고급 수준의 학습자에게 적극 추천합니다.

어글리 베티
(Ugly Betty)

제목 그대로 못난이 Betty가 예쁘지 않은 외모로 패션계에서 고군분투 하는 과정을 담은 코미디 드라마입니다.

전형적인 신데렐라 공식을 따르고 있어 가끔 진부한 느낌이 있긴 하지만 주변 인물들의 음모와 배신, 예상을 뛰어넘는 사건 사고들이 끊임없이 발생하여 이 드라마가 롱런 하는 밑바탕이 되었습니다.

강점으로는 패션계와 그 이면을 엿볼 수 있는 문화지수가 높다는 점을 들 수 있습니다.

대사가 많고 특히 주인공 Betty가 말도 많고 빠르지만 명확하기 때문에 편당 학습의 양과 질이 둘 다 높은 편입니다.

✓8위

프린지 (Fringe)

과학적으로 설명할 수 없는 기이한 현상을 다룬 SF스릴러물입니다.

일단은 재미있어야 한다는 전제를 확실히 충족하고 있습니다.

미드 걸작 Lost의 J.J. Abrams가 제작했다고 해서 파일럿(Pilot) 편부터 대단한 관심을 끌었던 작품이지요.

학습용으로서의 특징을 살펴보면,

매번 다른 에피소드를 다루기 때문에 다양한 표현과 단어들을 익힐 수 있습니다.

아인슈타인에 버금가는 괴짜 과학자 아버지의 난해한 설명을 빼고는 그다지 어려운 단어는 없습니다.

대부분 허무맹랑한 현상을 소재로 하고 있지만, 과학적이고 논리적으로 풀어가는 과정에서 배울 점이 많은 드라마입니다.

✓9위

더 굿 와이프
(The Good Wife)

지방검사로 잘 나가던 남편이 스캔들로 물러나는 바람에 생업을 위해 변호사로 복귀한 한 여인이 제2의 인생을 살아가는 이야기입니다. Dropdead Diva와 같은 법정 드라마이지만 그 보다는 좀 더 진중한 무게감이 있습니다. 각종 사건을 통해 다양한 군상들의 인생을 엿볼 수 있고 보다 현실적인 대사가 강점입니다.

✓10위

드롭데드 디바
(Dropdead Diva)

아름다운 모델이 교통사고로 죽게 됩니다.

천국과 지옥의 갈림길에서 버튼을 잘못 누른 덕에 그녀의 영혼이 다시 지상으로 내려오게 되는데, 하필(?)이면 후덕한 몸매를 자랑하는 변호사 Jane의 몸 속으로 들어와 버립니다. 그렇다고 외모 지상주의에 대한 일침을 날리는 교훈적인 드라마는 결코 아닙니다. 매 편마다 명석하고 지혜로운 주인공 Jane의 활약이 빛나는 법정 코미디 드라마입니다.

학습용 미드로서의 특징을 살펴보면,

법정 드라마 형식이지만 어려운 법률 용어는 없습니다. 매회 단편으로 끝나는 구성이기 때문에 한두 편 빼먹어도 상관 없습니다. 매번 다른 에피소드로 구성되어 있어 사회 여러 분야의 다양한 표현을 익힐 수 있다는 장점이 있습니다. 참고로, Jane의 비서로 나오는 '테리' 역할의 Margaret Cho는 미국에서도 대단히 유명한 한국계 코미디언입니다.

그렇다면 지금까지 열거한 10개의 미드 중에서 나의 수준에 맞는 미드는 무엇일까요?

누차 강조해 왔지만 특별하게 그런 것은 없습니다. 어떤 미드를 선택하더라도 애정을 가지고 열심히 보면 된다는 것입니다. 당신이 초급이든, 고급이든 상관없습니다. 1위가 쉬운 드라마도 아니고 10위가 어려운 드라마도 결코 아닙니다. 앞서 주지한대로 그냥 영어공부하기에 좋은 드라마 순위를 추천하고 싶은 순서대로 정해본 것일 뿐입니다.

물론 초급자가 Friends로 시작하면 좋습니다.

하지만 훗날 여러분이 상급자가 되고 난 후, Friends를 제대로 분석하면서 다시 한 번 본다면 그 속에 얼마나 많은 것들이 더 숨어 있었는지 비로소 알게 될 것입니다. Fin